OHSAMA BUNKO

眠れないほど面白い
警察24時

北芝 健

三笠書房

はじめに――元刑事が明かす、知られざる「警察の世界」！

警察官と言えば、交番に立っているおまわりさんや、テレビに映る白バイ隊員、ニュースで見かける「警視庁」の腕章をした男たちを思い浮かべる人もいるだろう。外国から要人がやってくるとなれば、ものものしい警備をしている姿もよく見る。ひと口に「警察官」と言っても、その仕事は実に多岐に渡っている。

私はいままで、警視庁につとめ、刑事警察、特別捜査本部、公安外事警察、外国要人警護などに従事してきた。そして現在、犯罪学、国際関係学について大学院で教鞭をとっている。本書では、現場に立った経験がある元刑事だからこそ知っている、警察という巨大組織の「本当の姿」を、捜査に支障のない限り明かしてみたい。

数々の難事件の解決、凶悪犯の取調べなど、社会の注目を浴びる仕事や、一般の人たちは目にすることのない張り込み、尾行などの地道な調査について。

また、警察官たちが「制服」を脱いだとき、その素顔から見えてくる〝意外すぎる生態〟について——普通に生活している一般の人々には見えない、知られていない「警察の世界」がある。


世の中で起きている、事件の数だけ「ドラマ」がある。

本書で、使命感に熱く燃える闘いの最前線、警察官まで驚くような「珍事件」「怪事件」まで、ときに笑えて泣ける、すべてが「実録」のストーリーを明らかにしよう。

テレビのニュースや新聞では取り上げられない、現場からのレポート、繰り広げられる人間ドラマなど、ときに生々しい〝リアルな事実〟に驚かれるに違いない。

北芝 健

もくじ

はじめに……元刑事が明かす、知られざる「警察の世界」！　3

1章　事件は「現場」で起きているのか　今日も警察官は戦っている

警察学校「地獄の特訓三点セット」　16
「何でもあり」の連中に立ち向かう人材の育て方　19
「機動隊員」たちの肉弾訓練　21
射撃場での〝乱闘シミュレーション〟　22
「テロ専門部隊SAT」のサバイバルな特殊訓練　26
昼でも夜でも目立たない不思議な訓練服　27
足を骨折――それすらも〝訓練マニュアル〟に！　30
警官VS.暴走族――報道されない〝ガチンコ〟の現場　32

一発で相手の気勢をそぐ〝戦術〟　34
「デモ隊鎮圧」――報道陣の見えないところで　37
「目突き作戦」で小隊長を救出　40
〝写真班〟は何を撮っているのか　42
前代未聞の〝捕獲作戦〟　44
過激分子を捕らえた「朱肉作戦」　48
検問で次々に御用になった〝赤い顔〟の男たち　49
深夜のパトロールで「現行犯逮捕」の瞬間　52
午前二時半、細い光が事務所の中を動いている――　53
男を丸裸にして「身体検査」　56
交番でのちょっと過激な「実地指導」　57
〝殴り合い〟が怖い新人巡査　58
フィリピン軍仕込みの用心棒にどう立ち向かうか　62
〝親分〟は待ち合わせの三十分前に来ている　63
こんなときは〝組事務所へ行け〟!?　67

警察官と出前の関係 68

2章 ここまで明かしていいのか 尾行・張り込み・取調べ……「捜査」の裏側

職務質問、その「目のつけどころ」 72
十中八九〝何かある〟人物――その嗅ぎ分け方 73
「尾行」テクニックは、こうして磨かれる 75
違和感なく風景に溶け込むための「小道具」 76
会話内容をまぎらわす「隠語」 77
いかにして「逆恨み」から身を守るか 80
尾行をまくテクニック――点検消毒法 81
迷わずエレベーターに乗れ 83
知られざる「張り込み」の苦労話 85
使命感に燃える刑事なら、どんなことにも耐えられる!? 87

警察の〝意外な協力者〟 90
ホームレスが〝探偵〟として手足になる⁉ 93
TVドラマとここまで違う捜査官の「落とし」の技術 95
相手の心を巧みに揺さぶる心理話術 96
「取調べ室」――手がかりはこうつかむ 98
「手」は雄弁に語る 99
「黙秘」はどこまで可能か 100
「落とし屋が落とせなかった男」が、なぜ自白したのか 102
過激派のトップが崩れた〝禁じ手の話題〟 104
×××も怖がる「強制採尿」 106
この「ふたつの令状」があれば逃げきれない！ 107
勾留期間は三日間！　繰り広げられる被疑者との攻防 111
〝被疑者〟が「被告人」になるのは、いつ？ 112
事件の早期解決のために必要なこと 113

3章 小説・ドラマより奇なり!? この「巨大組織」で生きる道

「階級」「役職」より、この〝裏格付〟がモノをいう 116
年齢差、学歴……一切関係なし！ 117
あの有名な「両さん」はここまで偉かった!? 120
ガサ入れ――こんな警官に来られたらたまらない 121
キャリア組も泣きを見る〝鉄の上下関係〟 124
〝腕っ節〟の強い先輩ノンキャリには絶対服従!? 125
〝バトルの最前線〟に行ける警官、行けない警官 127
キャリア組は、まるで〝箱入り娘〟!? 128
警察官の意外な「ご法度」項目 131
「制服姿で外食」はなぜ禁止？ 132
「敬礼」の面白すぎるＴＰＯ 133

「事件現場へ直行！」の現実 136
無線で何を話しているのか 139

4章 頭脳戦に必ず勝つ 泣く子も黙る⁉ 情報部隊

「公安警察」とは何をするところか 144
「政府が戦争を企図しているなら、政府を調べろ」 145
「公安警察」＝「特高」ではない 147
ここが違う！ 「公安警察」と「刑事警察」 148
〝情報のつながり〟を読み解く力 149
スパイ映画さながら⁉ 敵の謀略にはまらない法 152
元ＦＢＩ課報部員の〝慎重すぎる〟話 153
誰もが震え上がる肩書きと悲しい職業病 154
「公安捜査官の自宅の合い鍵」がこんなところに！ 156

「思想の自由」VS.「国家権力」 157
CIAエージェントの「マル秘工作」 159
はじめはみんな口論から 160
他国の情報部員といかに渡り合うか 164
〝家族ぐるみ〟の監視体制とは 165
ここに行けば「スパイ」がいる!? 167
情報部員のたまり場となっている「治外法権のホテル」 168
「ハニー・トラップ」はこうして仕掛けられる 170
上海の旅行ガイド女性から「あなたの正体、知ってる」 171
夜、ホテルに若い美形の女が現われ…… 174

5章 今日も「珍事件」発生中！ 眠れないほど面白い警察24時

大使館職員を落としたすご腕の金髪女スパイ 178
外国人二等書記官がみせた驚異の絶倫ぶり 180
「オレは法律を知らない警官だ！」 183
法律だけでは市民を守れない。だから―― 184
敵と味方との許されない「裏」のつながり 188
優秀な警官は、なぜ〝一線〟を越えたのか 189
〝内部情報〟を売った見返りは 190
「刑務所行き」を志願する男 194
つい同情した悲しい犯罪者 195
今日もたれ込まれる「不良外国人」たち 197
「ここにはいつでも撃てるものが入ってるんだ」 198

〝お手柄〟のはずが、出てきたものは―― 200
警察のおかげで「命拾い」したチンピラ物語 202
〝任意同行〟で明らかになったその手口 204

6章 おまわりさんも、人の子です！ 制服の下の意外すぎる素顔

警察官も詐欺に遭う!? 208
交番に次々現われる詐欺師たち 211
「交際＝結婚」!? 警察官の恋愛事情 213
署内の〝色恋ざた〟はどうチェックされるのか 214
警察官の上司に「家に呼ばれる」――その意味は？ 217
廊下で我慢しきれず「脱●」事件 218
警察官とピンサロ嬢が合コン!? 220
彼女たちを次々に泣かせた「ひと言」 221

女の部屋で鉢合わせた刑事ふたりの〝傑作な言い訳〟 225
〝修羅場〟はこうして始まった 226
警察官たちの密かなストレス解消法 233
署内に語り伝えられる「うらやましい話」 235

1章

事件は「現場」で起きているのか

今日も警察官は戦っている

警察学校「地獄の特訓三点セット」

警察官採用試験に合格した者たちは、各都道府県警が管理する**全寮制の警察学校へ入校**することになる。ここでは、憲法、刑法、刑事訴訟法、警察官職務執行法など、警察官の職務を執行するために必須の法律知識を学ぶ。

ここまでは、普通の学校となんら変わることなく担当の教師がやってきて、みんなで机をならべて授業を受ける。そして、逮捕術やけん銃射撃など、日本では警察学校と自衛隊教育隊などでしか行なわれない訓練を続けていく。

しかし、警察学校で学ぶものは知力・体力だけではない。もっとも重要なのは、どんな厳しい環境でも職務を執行できる〝**根性**〟**を体にしみこませる**ことだ。

「おい、お前！　なにダラダラ歩いているんだ‼」

　ただ廊下を歩いていただけなのに、いきなり怒鳴られる。怒鳴り声の主は、**「助教」**と呼ばれる普通の学校でいうところの教師だ。寮務担当など助教も多種いるが、階級は、**「教官」**と呼ばれる警部補の下の巡査部長である。

　ちょっと書類を読みながら歩いていただけなのに、態度が悪いといって即、怒鳴られる。間違って肩などぶつけようものなら、もう大変だ。

「テメェ、どこ見て歩いてんだ、バカヤロー！」

　という具合に、怒鳴られる。それだけでなく、**怒鳴る、殴る、蹴るの三点セット**が同時にやってくる場合もしばしばあった。助教は警察官であるのは間違いないのだが、生徒たちに行なう理不尽な行為はヤクザに近い者もいる。学生は学生で、在学中は食事と就寝時間だけが楽しみだ。これでは、囚人と変わらない。

　いや、囚人よりひどいのが警察学校の学生だ。

「ガン、ガン、ガン！　全員、起床ーッ！」

　年中ではないが、生徒たちが寝泊まりする十二人部屋に、当直寮務助教の怒鳴り声がけたたましく響き渡ることもあった。一斗缶を警棒でぶっ叩きながら怒鳴っているので、ものすごい騒音だ。

「助教。現時点、就寝時間であります。どうしたんですか？」

「どうしたんですかじゃねぇよ！　バカヤロー！」

ひとりの生徒が寝ぼけながら口を開いた瞬間に、助教から三点セットで修正される。

このように夜中に突然、非常呼集訓練と称して、起こされることがあった。もちろん、点呼をとったら終わりということはなく、「着替えるのが遅い」「整理整頓ができてない」、さらには「顔がニヤけてる」などの理不尽な理由で説教されることになる。

常にこのようなことが行なわれているので、**脱走を試みる生徒も現われる**。この場合、残された生徒は悲惨だ。

「全員、校庭に集合ー！」

深夜に突然、非常呼集がかかる。生徒たちは飛び起き、校庭へと駆け出す。真冬にもかかわらずジャージ一枚でだ。

「○○が行方不明だ、これから捜索する！」

と、言ってもすぐには捜索しない。連帯責任ということなのか、全員校庭に立たされるのだ。雪が降る真冬にジャージ一枚。これは体の芯まで冷え込む。東北出身の生徒ですら、ガタガタと震えている。しかし、ここで寒いからといって手を口元でハーハーやっていたりすると、即「気をつけだ。バカヤロー！」と助教の三点セットが飛んでくるのである。結局、脱走した生徒が発見されることとは関係なしに、頭と肩に雪が降り積もる中、数時間校庭に立たされることもあった。

「何でもあり」の連中に立ち向かう人材の育て方

私が警察学校に入学した時代はこれが当たり前だった。キツイと思う前に、むしろ楽しかった。なにせ、空手と合気道が融合した逮捕術の訓練ではフルコンタクトで殴り合えるし、けん銃だって撃たせてもらえる。しかも、食事はタダで給料までいただける。柔剣道に関しては、全国から選りすぐりの猛者《もさ》が集結してくるので、ちょっと腕に自信のある者にとってはたまらない環境といえるだろう。ただし、女にはモテない。こればっかりは問題だった。

読者の中には、警察学校と聞くと映画『ポリスアカデミー』のような男社会独特のコミカルな世界をイメージする方も多いかもしれない。確かに、男同士の下ネタにはこと欠かないが、あんなにリラックスした雰囲気はまずありえない。

もっとも近いのは、映画『フルメタル・ジャケット』の新兵訓練だろう。理不尽極まりなく新兵たちを殴打するリー・アーメイ演じる海兵隊の鬼教官は、まさに警察学校の寮務助教そのものである。


しかし、近年の警察学校では時代の流れなのか、体罰はご法度。部屋も個々のプライバシーが尊重され、パーティションで区切られている。

確かに今の住環境は私が生徒だった時代に比べ格段に良くなっているが、ここで学ぶ生徒たちは卒業後すぐに暴力の最前線へ出撃する若者たち。

理不尽極まりない暴力のスペシャリストであるヤクザやチャイニーズマフィアとやり合う連中なのだから、いくらか暴力に慣れることは必須だろう。

しかし、体罰ご法度になった警察学校とはいえ、警察学校の助教たちは、数々の修羅場を経験した、これまた**暴力のスペシャリストたち**。きっと、警察のホームページには掲載されていないちょっぴり乱暴な〝特別授業〟を行なってくれることだろう。

警察官を志す若者諸君、私の後輩たちよ、警察学校には覚悟を決めて入学してくれ！

「機動隊員」たちの肉弾訓練

警察の機動隊といえば、すぐイメージが浮かぶほど有名な存在だ。

「機動」というのは、部隊や兵器などを状況に応じて速やかに運用、行動、展開すること。

警察の機動隊は、治安のためや災害などのとき、速やかに展開して警備や救助に当たる常設の基幹部隊である。「警備部」に属している、荒っぽいことが専門の部隊だ。

もともと歴史は古く、昭和の初期に現・機動隊の母体が誕生し、戦後の昭和三十年代に機動隊と改称されて現在に至っている。

よく間違われるのが「交通部」に属している**「交通機動隊」**だが、あくまで意味的に機動する部隊ということで、ここで言う機動隊とは別のものだ。

屈強で血の気の多い連中が集まっている機動隊も、出動命令がなければ体をもてあます。

中には本当にケンカが好きで、人を殴らないと生きていけないんじゃないかと思うような男もいるし、相手がこう来たら、体のここを突くと一発だな、などと、真剣になって「闘い」のことばかり考えているヤツもいる。

射撃場での〝乱闘シミュレーション〟

そんな武闘派にとって楽しみなのが、**実地訓練**だ。

東京で言えば、機動隊は各所に配置されているが、暴走族、デモ隊など、「事案」が発生してはじめて動き出す。暴走族の場合の作戦、デモ隊の場合の作戦など、それこそ昔の武士の合戦と同じように、さまざまな戦い方をしなければならない。それにはやっぱり訓練が必要だ。

私が所属していた第一方面機動隊が実地訓練をしたのは、都内江東区の深川にあった警視庁の射撃場だ。かなり広い敷地だったから、野郎どもには格好の訓練場。そこへ到着すると、隊員たちはすでに血沸き、肉躍るという状態だ。

機動隊班、暴徒役班《タイコウ》の二チームに分けて、それぞれの作戦を上の者が伝える。

今回は、暴徒のデモ隊を機動隊が前後から挟み撃ちにするという設定。機動隊側は、挟み撃ちにしながら一方の方向へ暴徒を押し込み誘導し、そこで捕獲という作戦だ。この作戦は、暴徒役には伝えていない。暴徒役の連中には、とにかく暴れろとだけ伝えてある。機動隊も暴徒役も身なりは一緒なので、一方だけ鉢巻のような目印をつけている。

さあ、戦闘、いや、訓練開始だ！

機動隊の〝面目躍如〟の大乱闘

目印をつけた暴徒役が、デモ隊よろしく整列しながら進んでくる。

その前方では機動隊が左右に展開して行き先をふさぐ。暴徒側の先頭数名には旗の代わりに竹竿を持たせていて、その竹竿を持った連中が機動隊に突っかかる。さらに、後方から、別の機動隊が背後を固めた。闘いは始まったのだ。

指揮官は少し離れた指揮車の上からハンドマイクで、右翼（右側）からデモ隊を抑えろなどとガナっている。

はじめは、訓練らしく、動きも緩慢なのだが、なにかのきっかけで部分的に殴り合う状況が起こると、それが合図のように、**殴り合い、取っ組み合いがそこかしこで始まる**。もう収拾がつかないほどで、もはや訓練というより、集団の大ゲンカ。

ヘルメットは飛び、顔面から血を流している者もいる。それもひとりふたりじゃない。ああしろ、こうしろとガナっていた指揮官も言葉を失っている。なんなんだ、これは……という虚脱状態。この実地訓練を企画している警備部の連中は、逆に面白がって、ニヤニヤ見ている。連中もケンカが好きなのだ。

しばらくして我に返った指揮官が、「ハイ、やめ！　やめ！　やめろ！」と叫んでみても聞く耳を持たない。なにしろ興奮し本気になって「ケンカ」してるのだから。

「バカヤロウ！　いままでやらせておいて、途中でやめさせるな！」

おエライさんに向かって訓練中のぺーぺーが立場を忘れてののしる。

「まだだ、まだだ」

と、**ケンカ好きは大暴れしている。**

血の気の多いケンカ好きの連中は、これじゃ物足りない、もっとやらせろというわけだ。もっと心ゆくまで殴らせろ、すっきりさせろと。考えてみれば本末転倒なのだが、そんな常識が通る連中じゃない。

まったく乱暴でメチャクチャな訓練だったが、実際の現場では、かなりの効果があったようだ。実力行使、肉弾戦の最前線で役に立つ本当のノウハウは、こんな過激な訓練の中でつくりあげられていくものなのだ。

近頃は「警察モノ」のドキュメンタリー番組を見ていても、こんな破天荒なエピソードはなかなか取り上げられない。ちっともキレがないぜ。

「テロ専門部隊SAT」のサバイバルな特殊訓練

日本人の危機意識のなさは世界的にも有名だが、諸外国に見られるテロ事件が明日、日本で起こってもなんら不思議ではない。もちろん、なんの対策もとっていないわけではなく、日本の警察にもテロ専門の部隊がある。

「特殊急襲部隊」というのが正式名だが、英語名「Special Assault Team」の頭文字を取って**「SAT（サット）」**と呼ばれている部隊がそれだ。

SATの母体は、一九七七年、警視庁第六機動隊と大阪府警第二機動隊の内部に密かに誕生した。

この年の九月、赤軍派グループによる「ダッカ日航機ハイジャック事件」が発生し、日本政府は、世界に類例のない超法規的措置という、ハイジャック犯に屈した対応をとり、全世界から冷笑を浴びた。この事件のあと、警察に特殊部隊の必要性が高まり、極秘裏に編成されたのだった。

しかし、いずれも正規の部隊ではなく、警視庁では、「特科中隊」、大阪府警では「零中隊」の通称で呼ばれ、公にしてはいなかった。

その存在が明らかになったのは、一九九五年の、函館空港における「全日空機ハイジャック事件」のときだった。翌年、「特殊急襲部隊」という部隊名を与えられ、正規の部隊になった。

昼でも夜でも目立たない不思議な訓練服

部隊と言えば、刑事部・捜査一課に、**「特殊犯捜査係」**というのがあって、私も一課員外捜査員としてその捜査本部に一時いたことがあった。

この係は、国内における誘拐事件、人質などを取って立てこもる籠城事件、暴力団による企業への恐喝事件、さまざまな業務上過失事件などに出動し、犯人の逮捕を目的としている。つまり、いつドンパチが起こるかわからない事件専門なのだ。「SI

T（シット）」と呼ばれる部隊の前身だ。

その係から派生したチームを組んでいたときの話だ。あるとき、自衛隊と一緒にかなり非公式に近い訓練を受けたことがあった。

東京の高尾山が訓練場所だったが、ちょっとカジュアルな訓練服に編み上げ靴を履き、そろいの帽子をかぶる。訓練服は、一般の迷彩色とは少し違っていて、昼も目立たない、夜も目立たないという不思議な色をしている。

十人が一組になって、それが三チームあった。各チームが、レンジャー部隊とサバイバルを一緒にしたような内容の訓練を行なう。

高尾山を通り抜け、向こう側へ行くルートが示される。もちろん道なきところを抜けていくのだが、途中で食事をしたり、尾根をつたって歩いたり、ときには走らされたり、けっこうきつい崖を上り下りしたりと、途中でハードな訓練をしながら二日間かけて突破するのだ。そのつど、教官からのチェックやアドバイスを受ける。

「敵地で食事をする」訓練⁉

たとえば、川のそばで食事したときはこうだった。

敵の地域にいて我々は追われている、そんな状況下で、いまここで食事をとらなければならない——という設定で、さあ、やってみよう、というわけだ。

十人のうちふたりを見張りに立てる。残りは川の水で飯を炊く。飯ごう炊さんである。河原の石で飯ごう用のカマドをつくり、そばにある木々を集めて燃料にする。教官は、まわりの様子をポラロイドでばしゃばしゃ撮っている。我々はとにかく飯炊きに集中する。飯ができあがり、見張りも呼んで食事タイム。このときは、訓練でなく、本当に腹ごしらえする。

終わると、再び訓練開始だ。飯ごうを洗い、終了と思ったら、教官が言う。

河原を前と同じ状況にせよ、というのだ。カマドに使った石も煤《すす》で焦げていてはいけない。水できれいに洗う。食べこぼした飯粒も、一粒残らず拾い上げる。そして、教官が最初に撮ったポラロイド写真を見ながら、河原をはじめとまったく同じように直すのである。

なぜこんなことをしなければならないかというと、ここを通ったという跡を残さないためだという。

設定では追跡されているわけだから、確かに足跡は消しておかなければならないだろう。ここは通っていないと相手に思わせなければならないのだ。

こりゃあ、軍隊だな――そう思いながらも、やっていることはけっこう楽しかった。

足を骨折――それすらも〝訓練マニュアル〟に！

崖の上り下りのとき、仲間のひとりが足を滑らせ、骨折してしまった。教官に、どうも骨が折れたようですと報告すると、教官は、うれしそうな顔をした。

そして、「ラッキー」と言うではないか。仲間はあ然としたが、これは最高の訓練になるというのである。

最初から、誰かがケガをして、運び出すという訓練をやるつもりだったのだが、ホンモノなら都合がいいと言うのだ。

早速我々は折れた足に、手頃な枝を使って添え木をし、木でソリのようなものをつくる。それに乗せて、山を下っていくのだ。

教官は、**一部始終をビデオカメラに収めている**。こうしてビデオに収めた訓練風景がマニュアル化され、指導書として残るのである。

警察OBになってからも、キャンプなどに行くことがあった。そのときも飯ごう炊さんだったが、食べ終わってから、きちんと元どおりにしようと言って仲間から嫌がられたことがあった。

一度身についてしまうと、やらないと気が済まないのである。これも職業病のひとつなのだろう。

警官VS.暴走族――報道されない〝ガチンコ〟の現場

交番勤務。一見、ニコニコと笑顔がまぶしい若いおまわりさんがテキパキと勤務している雰囲気だが、私の交番時代は違った。ひとたび出動となれば、**「現場」は暴力の最前線**。それが、私の交番勤務だった。

「現在、暴走族《マルソー》が昭和通りを上野方面から移動中。所轄《しょかつ》ＰＭ（ポリスマンの略。警察の隠語）は応援求む‼」

無線が受令機を通して耳の中に響き渡る。**〝警官VS.暴走族〟**。テレビ番組でおなじみのネタだが、実際はあんなに甘いものじゃない。

テレビで放送されない裏には……。

「ゴラァ、ここどこだと思ってるんだ‼　うせろ、ガキども‼」

現場に到着して、暴走族の一団を発見したら、まず先頭を走るヤツにターゲットを定める。

「キィイイー‼　グワッシャーン‼」

これは完全な実話だが、私の場合は、大胆にも乗ってきた白チャリを先頭のガキに投げつけた。轟音とともに、後続を走行する暴走族たちがドミノ倒しになり、隊列が崩れはじめる。暴走族は常に警官たちの二倍も三倍もの数で行動するので、まずはこれぐらいパンチの利《き》いた戦法が有効だ。

しかし、これでヘコたれるような連中じゃない。彼らとて暴力団の予備軍として鳴らしている連中だ。たいていのヤツはバイクが倒れても木刀やチェーンを持って警官たちに襲いかかってくる。こうなったら、乱闘のスタートだ。

「オラッ、おとなしくしろ。コノヤロー‼」

暴走族は警官との乱闘に備えて、みんなフルフェイスのヘルメットを被《かぶ》っているので頭への攻撃は無駄だ。さっと警棒を抜き、鎖骨やあばら骨のあたりをガンガンぶっ叩いていく。

「ブン、グゥワシ‼」

警棒が風を切る心地よい音とほぼ同時に、相手の鎖骨が折れる鈍い音が響く。そして、手にはなんともいえない感触が伝わる。この一発で、暴走族は悲鳴を上げて抵抗不能になる。

このような乱闘を繰り返しているうちに、応援のパトカーがやってきて暴走族を全員検挙となるわけだが、これで一件落着なのはテレビ番組での話だ。

実際は、ここからも仕事が続く。

一発で相手の気勢をそぐ〝戦術〟

逮捕した暴走族は、よくある警察のバスに全員収容して取調べのため警察署へ連行する。しかし、あっちはウン十人という人数だ。交通課だけではおさまらない人数になるわけで、まずは一同、警察署の玄関前に集められる。

「オラッ、ポリ公‼　ただバイク乗ってた善良な市民捕まえてナニやってんだよ‼」

すでに逮捕されているにもかかわらず悪態をつく無法者っぷり。タバコを吸ったり奇声を上げたり、いっこうにおさまる気配がない。全員、スタンディング状態で騒ぎ散らしている状態だ。

「お前ら、全員座れ‼」

交通課の署員たちも負けずに怒鳴り散らすが、暴走族はまったく聞く耳を持たない。所轄の宿直責任者の警部を筆頭に、署内の幹部たちも、あきれ顔だ。

「ちょっと目をつぶってもらってよろしいですかね？」

私が警部に小声で言うと、警部は目を閉じたまま〝コクン〟と頭を動かして了解してくれた。実に話のわかる上司だ。

「オレは、×○議員の息子だ‼　とっとと解放しないとお前ら全員クビだ‼」

と言うゾクのバカ。

「ゴスン‼」

いちばん、生意気そうな暴走族を拳《こぶし》でブン殴る。上司の警部殿も黙認してくれているので、容赦なくやらせていただく。

「誰の息子なんだよ‼　黙れ、このガキ‼　全員座れ‼」

暴走族のひとりをボコボコにして、タンカを切ると、さっきまで騒ぎ散らしていた一団が、全員しゅんと静かになった。

全員、同じ方角を向いて正座している。実に爽快なシーンだ。これにより、キップ切りもスムーズに行なえ、バイクも押収できた。今ではマネできる後輩も存在するまいが。


近年、警察の過剰な追跡行為による受傷事故防止のために、執行務に制限を設けられる場合がある。しかし、彼ら暴走族の行動は、完全な反社会的行為であり、二次災害による事故を引き起こす可能性が非常に高い。

また、近年では**暴走族の多くが暴力団の予備組織**となっており、多くの暴力事件や集団強姦などに加担するケースが増えている。

その意味からも、警察組織は、彼ら暴走族の取り締まりに手をゆるめてはならないのである。

「デモ隊鎮圧」――報道陣の見えないところで

現在の警察は民主警察であり、戦前のようにウムを言わせず実力行使することが許されていない。

ましてこれだけの情報社会になった今日、現場には必ず**報道陣**がいるし、場合によってては生中継のテレビカメラまである。あまりおかしなことをして、それを中継されたり、写真を撮られたら、それこそ上司のクビがいくつあっても足りない。

デモ隊、それも暴れるとわかっている連中と対峙する前、必ずバスの中で指揮官が注意事項を隊員に伝える。

まずは、**「救援センター」**が来ているかどうか。救援センターというのは、弁護士やデモ隊のシンパがつくる、いわば駆け込み寺のようなもので、捕まりそうになったり、ケガをしたら逃げ込む場所だ。つまり、法律にうるさいヤツらが来ているかどうかを教える。

次に、報道関係についての注意。テレビの生中継がないとしても、報道陣は手に手にカメラを持って、**「決定的瞬間」**を狙っている。決定的瞬間とは、機動隊がデモ隊に対して暴力を振るう場面である。その逆はあまり撮られない。とにかく新聞に載るようなヤバイ写真を撮られるなということだ。

最後は、デモ隊そのものについて。○○派ですぐに暴れるぞとか、市民団体の穏健なデモで弁護士も一緒だなど、デモ隊情報を伝える。

これらを頭に叩き込んでおくわけだが、いちばん注意したのは、報道陣のカメラだ。なにしろ証拠が残る。言い訳がきかない。写真はヤバイ。とにかくカメラには最大の注意を払わなければならないのだ。

ミッション——さらわれた小隊長を奪還せよ！

あるとき、第八機動隊が都心の外堀通りでデモ隊とぶつかり、激しい闘いとなった。

両者入り乱れ、とても第八機動隊だけでは収拾困難になってしまった。救援の連絡が第一方面機動隊に入り、我々は早速出動ということになった。

現場に到着するや、早速展開したわけだが、なんと**第八の小隊長がデモ隊にさらわれた**という。これは目先にかまっていられない。指揮命令系統無視で救出に向かった。小隊長はデモ隊の深い場所に引っ張り込まれているらしい。五人ぐらいでデモ隊へ突撃した。

敵中突破のような状況だから、前から次々デモ隊のヤツらが襲ってくる。これを排除しながら進むわけだが、突入前、同僚が私に聞いてきた。

「こんなに前からやって来ると、向こうまで行けないだろ。どうする？」

私は秘策を教えた。

「簡単、簡単。ヤツらが来るだろ、そうしたら**目に指を突っ込んじゃうんだ**」

彼は、えっ⁉　という顔をしたから、

「大丈夫、大丈夫。目玉はつぶれないから」

目玉を突き刺すのではなく、指を伸ばして目頭のくぼみあたりに突きを入れるのだ。両目のくぼみあたりを指でつまむ感じでもいい。これだけで相手は動けなくなる。

それ、というわけで我々は突入を開始した。容赦なく相手は前からやって来る。来るヤツ来るヤツの目を突きながら、たやすく前線を突破し、奥まで入っていった。

「目突き作戦」で小隊長を救出

小隊長は三人ぐらいの連中に転がされ足で蹴られていた。そこへ我々が一気に襲った。ここでも**「目突き作戦」**を使うのだが、ちょっと離れたところに報道のカメラマンがいる。こりゃあ下手な写真は撮られちゃマズイ。まして目を突いているところなど撮られたら、なにを書かれるかわからない。私はとっさに、

「ヤツらを羽交い締めにして、はがせ」

と怒鳴った。

こちらの人数のほうが多いから、三人はあっさり小隊長からはがされた。そして座らせたのだが、小隊長を連れ戻さなくてはならないから、こいつらを逮捕している余裕はない。

でもそのまま逃がすのもシャクだ。お仕置きしなくてはいけない。

へたり込んでいるヤツの頭に手をやり、髪の毛で顔を隠すようにしてから、目をチョンチョンと突く。「グウェ」と言ってさらにへたり込む。ヤツら全員にお仕置きしてから隊に戻った。

おそらくカメラマンもなにが起こったかわからなかったはずだ。相手の長髪を利用して顔を隠してやったから。

隊に戻ってから一緒に行った同僚が、

「いい方法だなぁ。こんど使おうっと」

と言っていたので言ってやった。

「いやぁ、連中もバカじゃないだろ。今度はゴーグルでもつけてくるぞ」

案の定、**ゴーグルをつけたデモ隊が登場**した。戦闘能力は低い連中でも、学習能力はあったのだ。

〝写真班〟は何を撮っているのか

デモ隊と遭遇すると、公安の**写真班**が、暴れ回っているヤツとか、リーダー格のヤツらの写真をパチパチ撮る。それはなかなか普通の警察官には見せてくれないのだが、以前に、それらの写真を見る機会があった。

所轄警察では、公安係が所属する警備課の部屋に、「公安係」の表示はいっさいされていない。どんな警察署にも公安専用の部屋は絶対にあるのだが、一般にわかるようにしていないのだ。警備課へ行っても、課長がいるだけで、どこが公安係なのかもわからない。ただ、独立した部屋は存在する。

ある私服警察官とともに、その公安の部屋に入る機会があった。机の上にずらりと写真が並んでいる。

「あっ、この野郎、いつも最初に逃げるんだ。アタマだろ、こいつ。汚ねぇヤツ」

などと、写真を前に好き放題の言葉が飛ぶ。

そのとき、ある警官が言った。

「あっ、こいつだ、こいつだよ。警棒がきかないヤツ」

警棒は、足を払ったり、腹を突いたり、腕に当てたりと、なるべく首より上に当てないよう使うのが基本だ。

肩や鎖骨を狙うのは、最終手段。鎖骨は意外にもろいもので、あっさり折れる。普通の人間なら、鎖骨が折れた側の腕は使えない。痛みで力が入らないからだ。

この警官は剣道の名手だったから、おそらくピンポイントに肩、鎖骨に当てたのだろう。狙いに自信もあるはずだ。それがピンピンしていたというのだ。

「ははぁ、たぶん体にスポンジみたいなものを入れてるな。脱がせりゃわかるよ」

私はそうアドバイスした。

「どうやって脱がす？」

件《くだん》の剣道の名手が興味深そうに聞き返す。

「捕まえりゃわかるだろうよ」

私がそう言うと、そばにいた公安のヤツも、

「そうだな、参考資料だ。一匹捕まえてくれよ。オレが写真撮るからさ」

と話はまとまった。

作戦はこうだ。まずヤツを見つけたら、集団でそいつを囲み無理やりビルの谷間の目立たない場所へ連れ込む。そこで**「解体」して、チェックする**。もちろん報道関係のいないところでやらなければならない。公安は、写真を撮り資料にする。それが終わったら、街へ放流する。

前代未聞の〝捕獲作戦〟

作戦が決まったら、早く実行に移したい。そういうときに限ってデモはなかなか起こらない。数週間イライラしていたが、やっとそのデモ隊が登場した。

早速出動だ。現場に行くと、公安ＰＭ（警察官）がいた。例の対象者がいるという。前から三列目にいるらしい。

すぐにデモ隊と機動隊は接触し、衝突しはじめた。我々五人は目星をつけたヤツを

取り囲んだ。そして前後左右から男を挟み、混乱している現場から引き抜いた。

ところが男は暴れる。素手だが、挟みつけている我々に拳を振り回してきた。

「押さえろ！」

私の言葉に四人は男を押し倒した。私はおもむろに手袋をとり、素手で相手のノドに手を当てた。相撲でいう「のどわ」。プロレスなら反則技だが、そんなことおかまいなし。ギュッと力を入れたら、男は酸欠で半失神状態になった。

「それ！」

と、号令一下、ぐったりしている男を五人で担ぎ上げ、前線から退却し、裏に抜けた。ビルとビルの間にちょうどよい暗がりがあったので、そこに男を横たえ、「解体」が始まった。公安のヤツはカメラを構える。

薄汚れたジャンパーのジッパーを下げ、上半身を脱がした。その下に厚手のTシャツを着ている。

Tシャツの下には、救命胴衣のようなクッションつきの腹巻きが巻かれていた。

両肩には四角い、そう、台所で食器を洗うスポンジがガムテープで留めてあった。

公安は連続的にシャッターを切った。そして言う。

「この胴衣、持って帰ろう」

戦利品ならず、資料にしたいのだろう。

よっしゃ、とばかりはがしにかかったが、ご丁寧にガムテープをグルグル巻きにしている。こいつは手じゃ無理だなぁと思って、

「おい、ナイフ持ってるか?」

と、聞いた。

考えてみれば、誰も持っているはずがない。**現場へ出るときは、刃物類はいっさいご法度**なのだ。もし持っていたら、あとでなにを言われるかわからない。


「オレはナイフで切り刻まれるのか――」

この言葉を聞いて、解体されている男がブルった。どうも男は敵対するセクトの連中に拉致《らち》されたと思っているらしい。オレはナイフで切り刻まれるのか――そう思ったのだろう。

私はその男に聞いた。

「お前、ナイフ持ってるか？」

「あ、ありません、持ってません……」

声が震えている。半分泣き声だ。

「しょーがねえなぁ」

じゃ、行くかと目で合図し、男をそこに放置したまま隊へ戻った。男はウツロな目で口を開け、放心状態だ。

「あれ欲しかったけどなぁ」

公安が言う。

「うん、オレも欲しかったよ。でもアレじゃなぁ。しようがないさ、これで我慢してよ」

と、私は男の右肩から無理やりはがした台所のスポンジを公安のヤツに渡した。

「警備課の台所ででも使ってよ」

過激分子を捕らえた「朱肉作戦」

デモ隊、機動隊が入り乱れる混乱の中、機動隊の指揮官を拉致してボコボコにする連中がいると、公安ＰＭから情報がもたらされた。それはきまっていつも同じ連中で、10～15人くらいの人間だという。そこまではわかっているのだが、顔までは特定できていないため、捕らえることができずにいた。

ヤツらが拉致するのは、機動隊の小隊長である。機動隊の実戦部隊は、小隊長の指示によって動く。小隊長は、警部補。いくつかの小隊があり、それがひとつの中隊をつくる。この中隊のボスが中隊長で、警部がこれにあたる。中隊長は、前線に出ず、後方の、いわば本陣で指揮をとる。前線は、小隊長に任される。

小隊長のヘルメットには、白い線が入っていて他の連中と違うから、一目でわかる。

そのためヤツらの格好の標的となっているのだ。

小隊長を拉致して、ボコボコにする。そして、機関誌やビラに「我々の大勝利」とやる。権力の手先の指揮官に鉄槌を下した、米帝、日帝に我々は懲罰を与えた、などとやるわけだ。その目的だけに狙われたら小隊長たちこそいい迷惑だ。

小隊長が奪還されたらされたで、十分に痛めつけたので解放したなどとほざく。

「今日は、このくらいにしといたラァ」という、吉本のギャグも真っ青である。

小隊長を持っていかれれば、その隊の、いわば恥。かりに持っていかれても、絶対奪還するし、できれば拉致した連中も捕らえたい。

しかし写真を撮るいとまがなく、うまくすり抜けられてしまう。デモ隊が解散して、連中に何事もなかったような格好をされたら、いくら検問を張ったって捕まえることはできない。ヤツらを捕らえる、なにかいい方法はないか――。

検問で次々に御用になった〝赤い顔〟の男たち

そこで私が考えたのが、**「朱肉作戦」**である。

簡単に言えば、隊員ひとりずつ、ポケットに朱肉を入れておく。朱肉とは、ハンコの朱肉だ。あなたもご存じのように、朱肉が手や服についたらなかなか落ちない。ちょっとやそっと手を洗ったくらいでは落ちない。**この朱肉を、ヤツらの顔に、ハンコよろしくペタペタつけてやろう**というのが、朱肉作戦である。

作戦決行の日はすぐにやってきた。現場に到着すると、デモ隊が陣形を組んで、なにやらガナっている。石が飛んでくる。どうも今夜の敵は、仕掛けられるのを待っているようだ。石はその催促なのか。

小隊長を先頭に、道路いっぱいに展開して前進した。石は相変わらず飛んでくるが、彼らは動かない。距離が詰まったとき、彼らは少しずつ後ろへ下がった。

小隊長の命令が出た。我々は早足になり、デモ隊正面に突入した。こういう展開になると、小隊長は少し後ろに置き去りになる。突然、横合いから五、六人の別働隊が飛び出して、小隊長を拉致にかかった。

それを見た我々は、すぐさま戻った。戻りながら朱肉の蓋を取り、小隊長に襲いかかっている連中にペタペタと朱肉攻撃。なにが起こっているかわからないまま、彼らは逃走する。それを機に、連携をとった公安捜査員が赤い顔の男たちを、パシャ、パシャと写真におさめていく。

あとで、**検問で赤い顔をした三人が捕まった**との報告を聞き、朱肉作戦は大成功となった。以後も朱肉作戦は成功し続け、それとともに小隊長を拉致する作戦も見られなくなった。

深夜のパトロールで「現行犯逮捕」の瞬間

警察官に**夜中のパトロール**はつきものの仕事だが、私はこの仕事が好きだった。なぜ好きかというと、ひとつには、たらふく飯を食べ、若い体をもてあましていたから、夜眠れない。そのための腹ごなしの意味もあった。

もうひとつは、月明かりの道をパトロール中、怪しげな人物に遭遇し、そヤツを取り押さえる——という、スリルと一種のハンター感覚のせいかもしれない。

もちろんパトロール中に悪さをした輩《やから》を取り押さえれば、それは**「賞」に値する**働きにもなる。私はパトロールで数々の賞をいただいた。署長賞から刑事部長賞など、パトロールでたくさんの賞をもらった警察官は、そんなに多くいないはずだ。

ところが、現行犯を捕らえたにもかかわらず、なんの賞にもありつかなかったことがあった。いただいたものは、上司の罵声だったのだ。

午前二時半、細い光が事務所の中を動いている――

その日、私はいつものようにパトロールしていた。交番には担当する地域があって、ひと通りパトロールするのだが、住宅街の入り組んだ路地のような場所へは滅多に行かない。そんな細い道が入り組んだ住宅街を、腹ごなしをかねて私は歩いていた。

月明かりはなく、細い道には薄ぼんやりとした街灯がところどころあるだけだ。

マンション、一戸建てなどの間を歩いていると、目の前に五階建てのマンションが現われた。このマンションは住まいというより事務所に使っている人たちが多くいる。

私が見上げると、三階からピカリと光が見えた。時計を見ると午前二時半を回っている。

おかしいな……誰もいないはずなのに……。

そう思いながらよく見ると、再び光が動いた。太い光でなく、細い光だ。私はピンときた。これは、ペンライトのような、細い懐中電灯の光だ。事務所の人間が使うにはあまりにも不自然である。

私は、マンションに接している隣の塀に登り、雨どいをつたってよじ登って三階のその部屋を窓越しにのぞき込んだ。細い光が事務所の中を動いている。これは**間違いなく泥棒**である。

〝手形〟を盗みに入った間抜けな男

さてどうするか――。ここで窓を蹴破って入るなんて、そんな映画のようなことはできない。実際にそんなことをしたら、あとで必ずおとがめがある。ひとまず下まで下《お》りた。そして、小さな声で無線を入れた。

〇〇マンションの三階で事務所荒らし稼働中、と本部へ連絡した。

すると本部は、「バカヤロウ！　稼働中なら逮捕しろ！」と急《せ》き立てた。かなり大きな声で向こうから怒鳴られたので、つい私も大声になり、「ひとりなんです！」と怒鳴り返した。

すると、上のほうから気配がする。三階の例の部屋の窓が開いて男が見ている。男と目が合った私は、「動くなよ、そこにいろ!」と言うと、「なんですか?」と答える。「泥棒が入っているから、捕まえに来たんだ!」と言うと、その男「オレですか?」と言う。まったくアホのようなやり取りなのだが、私は「そうだ!」と言い放った。

男が、「で、オレはどうすればいいんで?」と聞くので、「そこでじっとしていればいいんだ」と言いながら、入口のほうへ走った。もちろん入るフリである。

案の定、その男は私がマンションの中へ入ったと思ったらしく、さっき私がしがみついていた雨どいをつたって下りてきた。私は横に隠れていたから、男が地面につくかつかないうちにタックルをかませた。男はもんどり打って倒れ、私は馬乗りになりながら男の体をチェックした。

すると、盗んだ手形がポケットから出てきた。

「手形盗んでどうするんだ」と聞くと、暴力団が割り引いてくれると言う。「暴力団に知り合いがいるのか」と聞くと、自分は暴力団に入っているんでと言う。

男を丸裸にして「身体検査」

そんなやり取りをしながら、まだ盗んだものもあるかもしれないと、男を丸裸にして調べた。なぜかパンツまではぎ取って、スッポンポンの状態である。しけた入れ墨が背中にあり、指も一本ない。

しばらくしてパトカーが来て、周囲はざわざわしはじめた。なにがあったんだと、近所の住民も集まる。家の電気もつき、かなり明るくなった。その中に、入れ墨男ひとりがすっぽんぽんで転がっていた。

現行犯逮捕だし、なにか賞にありつけると思ったら、とんでもない。パトカーであとから駆けつけた刑事に手柄は持っていかれ、結局賞はもらえなかった。いただいたのは、「連絡する暇があったら先に捕まえろ」という上司のきついひと言。でも、そいつは無理というもの。だって、雨どいにしがみついていたのだから。

こんなことがあるから深夜のパトロールはやめられない。もっとも、男を丸裸にしたのは、公私とも、これ一回きりだけど。

交番でのちょっと過激な「実地指導」

私が銀座一丁目の交番に勤務していた頃、私の下に新人巡査がやってきた。三人一組のグループで、班長、私、そしてその新人という組み合わせだ。

班長はかなり年上で、胃が悪いといって、しょっちゅうクスリを飲むヤツだった。そして、暇を見ては横になっている。そして寝てしまうのだが、必ず「○時になったら教えてくれ」と言う。クスリを飲む時間らしい。

私は私で、体を鍛えるのが趣味だったから、サプリ系の錠剤をひっきりなしに飲む。まるでクスリ漬け（?）の交番なのだが、互いに、ヘンなの飲んでいやがると、内心は思っているのだ。

そんな交番へやって来た新人だが、班長は「偉いヤツの息子らしいから、面倒見るの大変だぞ」と言って、私に彼の指導を押しつけた。

〝殴り合い〟が怖い新人巡査

班長が交番の奥で横になっている間、私と新人は交番に立つ。そんなとき、新人が言った。

「ふたりとも、いつもクスリ飲んでますけど、どこか悪いんですか？」

いいやそうじゃない、と私は説明した。班長が飲んでいるのはたしかに胃が悪いから飲むクスリだ、しかし、私の場合は、体のパワーアップを図るためのもので、体が強くなるのだ、と教えた。そして、最新のサプリを見せて、とにかくこれはいい、強くなるなどと言った。

すると、絶対買うと言う。案の定、非番の日に買い入れて、私と同じように飲んでいる。これで強くなれますよねなどとも言う。

この新人、強くなりたいようだった。

「実は、警察学校でも言われたんですけど、格闘技に問題があるようで……」

ある日、新人は相談するように私に言った。

「いいところの坊ちゃんだからじゃないの」

と私。

「別にいいところでもなんでもないですよ。父はただの銀行員ですから」

そんな会話から私たちは打ち解けるようになった。

彼は、殴り合いが怖くて仕方ないと言う。そんなの簡単だよ、と私は答えた。

要するに場数を踏めばいいだけの話だ。**何度か殴り合ったり、殴り合いの現場を見ていれば自然に肝はすわってくる**。経験不足さ、と私は答えた。

すると彼は、「見せてくれませんか?」と言うのだ。ちょっと困った私だったが、これも新人教育だと思い、特別講習に彼を連れていくことにした。

〝場数〟の踏ませ方

数日後の夜、班長を交番に立たせてふたりでパトロールに出ることになった。

自転車を使わず徒歩で交番を出て、どんどん歩いていった。隅田川を越え、月島のほうまでやって来た。つまり、自分の管内を離れ、他の管内に入ったのだ。自分の管内だと、またあいつ、変なことやってやがる、と言われかねない。

月島にはもんじゃ焼きの店がある。そのはずれのほうの店に行き、外にいた店のおばちゃんに「変なヤツはいませんか？」と聞いた。すると、いるいると言う。店の外から店内を見ると、確かに客の女の子ふたりに卑猥《ひわい》な文言を投げかけて絡《から》んでいる顔つきの悪いヤツがいる。目標はその男に決めた。

「あの男、殴るから見ておけよ」と言うと、新人はビビリ出した。なにもしてないのに殴るのはよくない、やめましょうと言うのである。

「お前、なに言ってんだ。見せてくれと言ったじゃないか」

私と彼はそこでもめた。すると、おばちゃんが、「あんた、なに言ってんの。教えてもらうんでしょ、先輩の言うこと聞かなきゃダメだよ」と言うと、彼はおとなしくなった。

しばらくして、悪そうな男が店から出てきた。よく見ると、小指の第一関節が欠損している。私は、あえて挑発的に職務質問をした。質問にすら答えられないなんて能なしだなどと、喧嘩売り《ゴロマキ》に近い。

すると、さすがに男はキレた。なんだとこの野郎、と私の肩を押したので、公務執行妨害だと言いながら、私も突きとばすと、相手はパンチを放ってきた。私はそれをさばきながら、パンチを一発かませた。男はすっ飛んだ。

「こうやるんだよ」と私は新人に言った。

とんだ新人教育もあったものだが、実際、人と人が殴り合うのは慣れていない人にとっては衝撃的なことだ。全員ではないが、**警察官はこんな場数を踏んで多少のことには動じない精神力をつけている**。

新人の彼とは、しばらくして仕事場が変わり、以後つき合うことはなかった。

数年後聞いた話によると、彼は警察官を辞めて会社勤めをしているとのことだった。

まぁ、そのほうが本人にとっては幸せだろう。

フィリピン軍仕込みの用心棒に どう立ち向かうか

暴力団の抗争事件というのは、その原因の多くが**縄張り争い**だ。早い話、戦国時代の日本と同じで、自分の領地（縄張り）を侵す者を叩く。あるいは、領地を増やすために、その縄張りに属している小さな組を味方に引き入れ、結果として抗争が始まる。ドンパチが始まると、基本的に大将（親分）の首を取るまで続けられるのも、戦国時代と変わりがない。だいたいが途中で大組織が仲裁に入り、いったん仲直りするものの、仲が良くなったわけではなく、抗争の火種は残る。

そして、小さい組織になればなるほど、親分の力は絶大で、こんな組は親分が消えたら、あっという間に他の組に吸収されてしまう。それだけに、組織の維持とは、イコール**親分の安全確保**なのだ。

さすがに最近は大きな抗争事件は起こっていない。しかし、新聞に載らない、目につかないところでの縄張り争いはいまも続いている。

以前、ある親分に会ったことがある。この組は古くからある組だが、縄張りは大きくなく、組織もそれほど強固ではない。ただ、老舗《しにせ》の組なので、看板だけで生き残っている組ともいえた。

暴力団の再編が行なわれていた時期で、関西の山口組が関東へ進出しはじめ、関東は住吉会を中心にまとまりを見せていた頃だった。だから、いつドンパチが起こらないとも限らない時代でもあった。

〝親分〟は待ち合わせの三十分前に来ている

その老舗の親分に会ったのは真夏の盛りだった。親分はいつものように三つ揃いを着ていた。若い頃から腹が弱く、三つ揃いのチョッキは特注で、腹巻きがわりにしているのだ。そのくせ、生ものが大好物だった。とくに精がつくと聞くとなんでも食べた。かなり高級な漢方薬も常用していて、肌ツヤはとてもいい。そのくせ腹が弱いという、珍妙なオヤジだ。

あるとき、健康に気を使っているんですね、と聞いたことがあった。ところが返ってきた答えは違っていた。確かに健康に気を使っているのだが、それは女と遊ぶためだった。女と遊ぶために、精のつくものを積極的に摂り、高価な漢方薬などを愛用していたのだ。要は、単なる絶倫志向親分なのだ。

親分に会うのは、いわば**情報取り**である。ちょうど山口組の登場があり、関東でも再編が行なわれつつあったから、下部組織の老舗の組からも面白い情報が得られると思ったのである。

待ち合わせたのは、喫茶店だった。親分の縄張りの中ではなく、遠く離れた場所にある喫茶店だ。ただ、この縄張りは親分と兄弟盃をかわした組に属している。たまたまその組に挨拶しに行ったときに時間をつくってくれたのである。

私がその喫茶店に入ったのは約束の時間どおりだったが、親分たちは三十分以上も早くついていて、三階建ての喫茶店の三階フロアーにいた。三階のフロアーにつくと、親分は窓から少し離れた奥に座っている。

私は奥へ歩いて行った。途中で組員らしい男が私に目をやる。ボディーガードか、

◎親分を守る"鉄壁の配置"◎

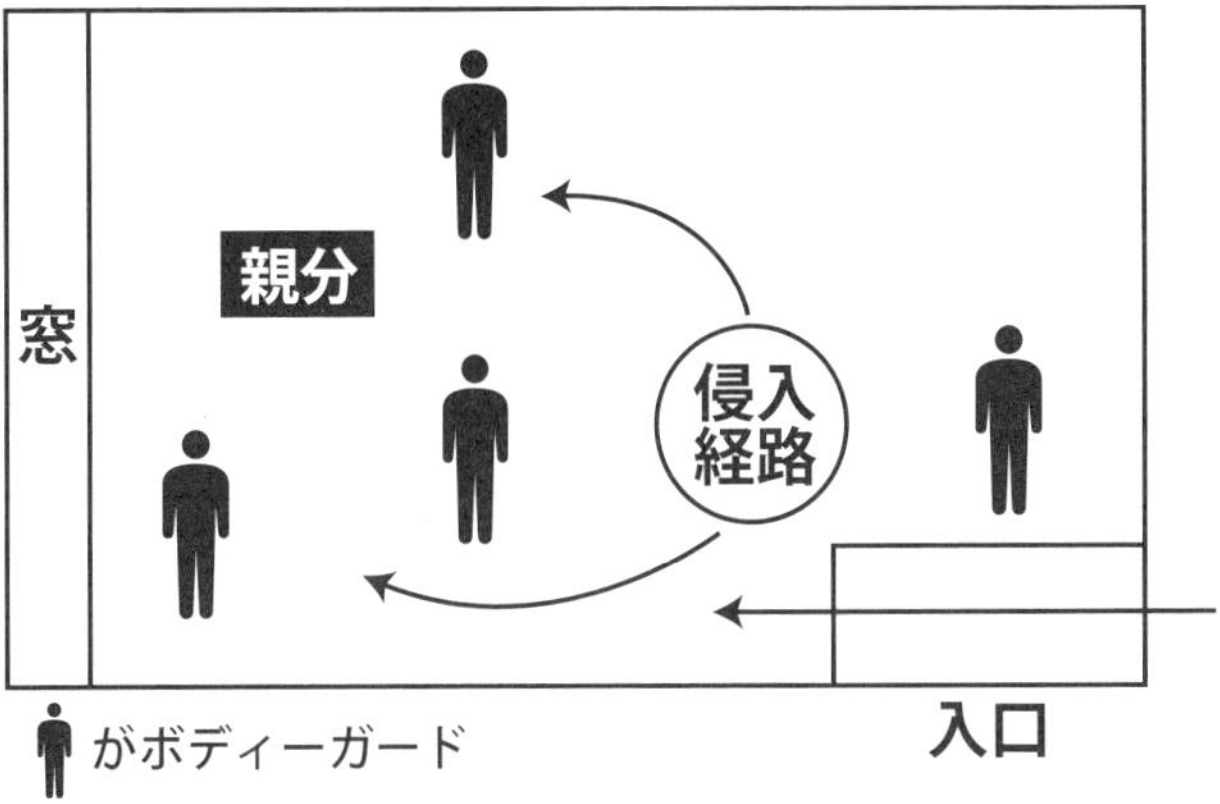

と私は思いながら、親分のテーブルの前に座った。親分のすぐ後ろの席の斜めにはボディーガードの組員が目を光らせている。私が座った席の後ろにもひとり、背中越しに私を監視している。しかし、この男はとてもボディーガードに見えない。だが、間違いなくボディーガードなのだ。

私が入ってきたほうへ目をやると、入口を固めるようにひとりいる。こいつは入ってくるヤツの監視だ。

「うまく配置していますね……」

私は親分に言った。親分も、そうだろ、という顔をしてニヤリとした。

聞いてみると、この四人のボディーガードはフィリピン軍に派遣して、そこで実弾を撃ちながら訓練したのだという。この組では定期的に、**若手の中から選抜した優秀な人材を、フィリピン軍に入れている**というのだ。確かに完璧な配置だ。**死角はまったくない**。私はこの配置を頭に入れた。

まるでどこかのエージェントが要人を守る配置である。一介の暴力団が、それもたいして大きくない組がここまでやるのかと、悪党ながら感心したものだ。

しかし、親分と別れて歩いているうちに、ふと気づいて、バカバカしくなった。待てよ……あいつ、ただ女と遊びたいから死にたくないだけじゃないか……まいったな、エロオヤジ！

こんなときは〝組事務所へ行け〟⁉

マル暴取締りの先輩刑事の見習いになってから、どこへ行くにもその人と一緒だった。かりにSさんとしよう。暴力団の事務所へもよく行った。もちろんSさんは死ぬほど行っている。

組の事務所に顔を出すというのは、これもひとつの仕事で、しょっちゅう事務所に顔を出していれば、変な空気があれば一発でわかるからである。ヤバイ仕事を始めれば、必ずわかる。ケンカの支度をしていれば、これもバレる。

さらに、いろいろ世間話をしているうちに、他の組の情報も入るし、新参者の顔も覚えられる。事務所通いにはこんなメリットがあるのである。

その日、なにも食べずに組の事務所を訪れた。

Sさんはヤクザどもに一目置かれていて、親類筋の親分のように振る舞う。世間話をしているうちに、Sさんが、腹が減ったから隣の洋食屋のビフテキ丼をふたつ頼んでくれ、と組の若い衆に言った。事務所のあるビルの隣が洋食屋なのである。

警察官と出前の関係

ビフテキ丼が出前されてきて我々の前に置かれた。かなり高級な肉であることは、誰の目にも明らかだ。Sさんと私は、一気にかっ込んだ。肉汁があふれ、箸でも切れそうな柔らかい肉である。こんな高いもん食って大丈夫かな……金はあったよな、と内心思いつつ箸を動かしていた。

食後一服して、さあ、行くか、とSさんが言う。そして、おい、これいくらだと、ビフテキ丼を指して言った。「へイ、千二百円です」と、若い衆。

それを聞いて私はたまげた。どう見たって千二百円で食べられるはずがない。三千円、四千円はするはずだ……。

はいよ、とSさんはふたり分二千四百円をテーブルに置いた。そして、邪魔したなと言って外へ出た。

「安すぎませんか、あのビフテキ丼」

私はSさんに聞いた。

「いや、あの洋食屋のビフテキ丼は千二百円だよ。メニューにそう書いてある」

「それにしたって、あの肉はよすぎませんか？」

「ははは、普通にその店でビフテキ丼食べれば、あんな肉じゃないさ。もっと安い肉さ。でもな、組の事務所に出前するんだ、せこい肉のせていくわけにゃイカンだろ」

そこではじめて納得した。なんだこの肉は！　と、組にいちゃもんつけられては店としてもめんどうだ。だから、特別に高い肉をサービスしているわけだ。Sさんは、それを逆手にとってヤクザ事務所でビフテキ丼を頼むような茶目っ気のある人だった。

このように、**組事務所は、格好の高級レストラン**になる。

その他にもさまざまな一流品が組事務所には揃っている。出されるお茶も、出がらしなどではなく、最高級のお茶。地方の銘菓、名物などが、お茶のお供として出てくる。もちろんコーヒーだって常備されている。

組事務所を回っている時期、いたるところに「高級レストラン」「喫茶店」があったものだった。もちろん、ただ食べ、飲むだけではない。ときには、怪しげな人物に遭遇することもあるし、子分の会話から情報を得ることもあることはつけ加えておく。

断っておくが、ヤクザ事務所でタダ飯をした事は一度もない。貧乏が持病の最前線デカだが、なにがなんでもゼニは置いてきたぜ。

2章

ここまで明かしていいのか

尾行・張り込み・取調べ……「捜査」の裏側

職務質問、その「目のつけどころ」

警察官には「特権」が数々あるが、**「職務質問」**もそのひとつ。ただしこれは、あくまで任意なので、当然、拒否できる。「人権にうるさくなっている現代では、警察官もやたらと職務質問をしない」とは、近年人権派弁護士や反権力で商売をしている面々が発信した「知恵」である。

ただ、警察官もプロであり、彼らが目をつけた人物というのは、どこかやましい点があるものだ。もちろん百発百中でなく、単に「どうも時間をいただいて、すみませんでした」で終わることもある。

だが、職務質問がきっかけで犯罪を未然に防げたケースも多いのだ。

ここで警察官が目をつけるヤツとはどんなヤツなのか、その目のつけどころについてお話ししよう。

十中八九〝何かある〟人物――その嗅ぎ分け方

簡単な例をあげれば、**夏の暑い時期でも長袖を着ている人間**だ。

それも黒などの色の濃いシャツを着ている人間。白のシャツならまだセーフだが、黒の長袖なら職務質問の対象者だ。真夏の不自然な長袖は入れ墨を隠すため、それも白いシャツだと透けるので、黒を着る。そう、警察官は見ている。


またドラマなどでもよく取り上げられるが、ヤクザ、暴力団の連中の特徴に、**「欠けている指」**というのもある。いわゆる「詰めた指」だ。もちろん事故で指を失った善良な人もいるから、その指をしているからすべてヤクザというわけではない。

最近では精巧な**「つけ指」**というものがあって、指のない幹部クラスになるとこれをつけている。遠目にはまったくわからないが、よく見ればつけ指とわかる。

また、そういう連中は**必ず片方の正常な手を上に乗せて隠しているもの**だ。

あるヤクザの組長は小指と薬指の二本指がなかった。彼が夜の街に遊びに出かけるときは必ずつけ指をする。近くで見てもなかなかわからないほどよくできた指だが、クセのように、その手の上に手を乗せる。

職務質問する際のチェックポイントはいろいろあるが、残念ながらすべてを明かす紙面がない。職務質問でシャブ中がよく検挙されるが、これにもポイントはある。単に怪しげな振る舞いをする人物だけをチェックするだけではないのだ。

そこには多数の独自のポイントがある。

日本の警察が諸外国の警察より優れているのは、このような観察眼を鍛えられていることにもよるのではないだろうか。

「尾行」テクニックは、こうして磨かれる

何事にも訓練は必要だが、尾行の場合も、訓練はある。ただし、この訓練、**模擬訓練ではなく、ホンモノの尾行**なのだ。実際の対象者の尾行を、訓練の一環としてやらすのである。

訓練といいながら、ホンモノの尾行なので、緊張するし、失敗はできない。もちろん新人ひとりに任せるのではなく、先輩刑事と一緒だが、訓練なので普通の尾行とやり方が異なる。

対象者の後をつけるのだが、その私の少し後ろから補助員がついてくる。つまり、上から見ると、**対象者がいて、十メートル離れて私、その後ろに補助員**という位置関係である。

補助員は後ろから、「ゆっくり歩け」とか「そのショーウィンドーで立ち止まれ」などというアドバイスを行なう。私はそれを聞きながら、目は対象者をとらえて尾行を続けるのだ。かなり緊張感の続く訓練だった。

指導員はほぼ私の真後ろにいて、私に近づいてはアドバイスする。首筋をぴしっと叩かれて、「上がれ（＝接近しろ）」と言われたり、「歩幅を調節しろ」と、相手との距離感を教えてくれる。

実際、疲れる訓練なのだが、この訓練講習を数度繰り返すと、尾行の仕方が体に叩き込まれる。ここではこうする、ここではこう――そういった呼吸が身につくのである。

ただの模擬訓練だとしたら、おそらくここまで早く身につかないのではないだろうか。ホンモノの対象者を使うからこそ、こちらの真剣度も高まり、体感できる。

違和感なく風景に溶け込むための「小道具」

この講習では、尾行におけるいくつかの小道具についても教わる。

その代表が以前なら**タバコ**だろう。道でさりげなく対象者を張るときに役に立つ。現在なら、携帯電話をかけているそぶりなども違和感がないだろう。しかし、私が教わった当時、携帯は普及していなかった。

一服しているフリをしながら対象者を監視する。場合によっては、一般の通行人に火を借りる。そしてお礼を言いながら、しばし談笑。

こうすれば、遠くからはふたり組みとして現場の風景に溶け込むことができる。ひとりで張っているよりも、格段に目につかなくなる。今ではタバコを吸える場所も減ってきているから、スマホを使うかもしれない。

会話内容をまぎらわす「隠語」

また尾行は私服で行なうから、街中ではもちろん会話内容がわからないように**隠語**を使う。隠語とは、もともとは警察の言葉ではない。かなりのパーセンテージがヤクザの言葉だ。ヤクザものから情報をうまく聞き出すために、警察も同じ言葉を使うようになった。

中には警察で生まれた隠語をヤクザが使う場合もある。有名な**「マル暴」「マルビー」**という隠語は、警察の書類についている印を言葉に置き換えたもの。マル暴は、暴力団の暴を丸で囲む印、マルビーも暴力団をローマ字にした頭文字のBを丸で囲んだ印から生まれた呼び方で、いずれもヤクザ、暴力団を指す隠語である。

警察生まれの隠語は、このような「マル〜」という言葉が多い。

いい歳をした大人が〝マッチャン〟コール

また、私服のときは、上司を肩書きでは呼ばない。一般人を装っていて、「○○警部補」などと呼んだら、一発で正体がバレる。普通は名前だけを呼ぶ。

私の指導担当捜査官はおかしな人だった。張り込みなどの実地訓練のとき、

「いいか、外にいるときはオレをマッチャンと呼べ。警部補とか、教官とか言うんじゃないぞ。そう呼ばれて困るのは全員なんだからな」

と、自らの愛称を強要した。二十代の私から見たら五十代の教官はオヤジみたいなもの。それをマッチャンなどと、なかなか言えないものだ。

新人の訓練のとき、まずは**全員でマッチャンコールの練習**である。いい歳をした大人どもが全員揃ってマッチャーンと叫ばされるのである。しかし訓練の賜物か、いつしかみんながマッチャンと口にするクセがついてくる。それも自然に出てくるようになる。逆に戻らなくなるのが心配だった。

こうして尾行訓練、張り込み訓練など、さまざまな訓練講習を経て、一人前の捜査官になっていくのである。

いかにして「逆恨み」から身を守るか

私服の警察官、いわゆる刑事は尾行に関してはプロだが、そんなプロを尾行するヤツもいる。

他の項目で述べているが、公安警察官の自宅の合い鍵が二百以上見つかったという事件も、中には尾行され、自宅がわかってしまった刑事もいたはずである。

警察官は一般の職業に比べて、はるかに**危険度の高い職業**だ。

仕事とはいえ、力ずくで被疑者を取り押さえ、手錠をかける。やられたほうは、自分の犯したことを棚に上げ、**逆恨みするヤツがいる**。執念深いヤツになると、刑務所から出てきて、復讐しようとする。そこで尾行したりするわけだが、シロウトの悲しさ、途中でバレてしまうことが多い。

のちに紹介する鍵束事件のように、確信犯的な連中になると、念入りに準備してくることもあるだろう。

そうなると、尾行されているかそうでないか、それを察知するのが**警察官の自衛術**である。私もOBになってからしばらくは、これも職業病のごとく、尾行されているかどうか気にしたものだった。

最近は、もうどうでもいいという気になってしまった。つけられて、どこかで写真を撮られたっていいじゃないか、勝手にせいや、そんな気になってしまったのである。

尾行をまくテクニック――点検消毒法

まあ、それはそれとして、尾行されたとき、どうするのがいいのか、お話ししよう。

尾行をされないテクニックとして**「点検消毒法」**というものがある。

点検し、消毒する――これだけでいいのだ。

点検とは何か？　簡単に言えば、それは**周囲への気配り**である。常に、周囲の状況を把握し、察知すること、これが点検だ。

人間とは不思議なもので、毎日毎日、だいたい同じことをするものだ。たとえばあなたが会社へ出勤する際のことを考えてみよう。

決まった時間に起きているはずだ。そして、家の決まった席で朝食をとっているはずだ。ズボンをはくときも、ジャケットを着るときも、いつも同じ足から、同じ手から身につけているはずだ。靴も、昨日と同じ足から履き、同じ手で鞄を持って家をあとにしているはずだ。どうだろう、すべて同じことをしている。

まわりの風景も、ほとんど変わらない。

ところが、いつも通る公園のベンチに見たこともない人がいたら、どうだろう。ちょっといつもと違う光景に、そのまま通り過ぎてしまうか、「あいつは、なんだ？」と思うかが運命の分かれ目だ。

もしかすると、その男は自分の動向をうかがっている人間なのかもしれない。

ここで、**そんな男がいると気づくことが、点検である**。駅についたとき、その男が後ろにいたら、これは怪しいと感じておくべきだ。点検、察知である。思い過ごしかもしれないが、このように周囲に気を配り、状況をつかんでおくことが、尾行されない第一のことなのである。

点検がすんだら、次は消毒である。消毒とは、字のとおり、毒を消すこと。つまり、**危険な状況をなくす**ということだ。かりに、その男があなたと同じ車両に乗っていたら、この男をまいてしまわなければならない。それが消毒だ。いつも降りるひとつ手前の駅で降りるなどもテだ。

迷わずエレベーターに乗れ

帰りは帰りで、つけられていないかを察知しなければならない。よくやったのは、**ショーウィンドーのガラスを鏡がわりにして背後をチェック**することだ。交差点であればなおいい。そのときに全体を把握する。そして交差点を渡ったとき、さっき見た誰かが後ろにいるかをチェックする。わざと立ち止まるには、**自動販売機を利用**する。体が横向きになるから、周囲がチェックできるのだ。そのとき、怪しげなヤツがいるかいないか。

いなければよし、だが、いたらどうするか。

タクシーを拾って行ってしまうという方法もあるが、これは最後の手段。

もし大きな商業施設が近くにあれば、その**エレベーターに乗る**。エレベーターの箱は小さいから、尾行者は一緒に乗りたがらないものだ。なぜなら、顔を見られてしまうからである。この中で動かず、適当に上下して、適当な階で下りる。あとは階段を使って、違う出口から退散すればいい。

この「点検消毒法」は、普通の人には必要ないことかもしれないが、万が一、浮気でもしたときには十分に応用できる方法だ。浮気調査員をまくのである。スネにキズのある人はしっかり覚えていてもらいたい。

知られざる「張り込み」の苦労話

　張り込みをしていてなにがいちばんつらいかというと、**小便**だ。もちろんさまざまな形態の張り込みがあるのだが、尿意を催していちばん困るのが、**外での張り込み**。田舎のような、まわりが林で、木の陰に張り込むというのなら、用を足したくなったらその場でしてもいい。ふたりいるなら、少し奥へ行ってすればすむことだ。

　ところが、住宅街になるとそうはいかない。

　たとえば、ある建物の陰に隠れて張り込む場合など、尿意を催したからといって、その辺でするわけにはいかないのだ。どこに人の目があるかわからないし、張り込みの刑事が立ちションを注意されたではマンガにもならない。

　また、張り込みする場所が必ずしも立地条件に恵まれているとは限らない。のんびりと腰をかけて動向を探れればそれがいちばんいいのだが、そんな場所で張り込むなどということはほとんどない。

仲間の刑事とふたりで、ある倉庫を張り込んだことがあった。その倉庫に出入りする人間をチェックするのだ。目当ての倉庫の入口に面している建物を借り、張り込みは始まった。この建物も元は倉庫で、いまは、がらんどうになっている。そんな大きくない建物で、車が四台ほど止まれるほどの広さで平屋建て。我々は裏から入り、正面にある横長の窓から道を挟んでその倉庫の入口を見張るのが役目だ。

ところが、この窓が高い位置にあり、木箱を置いてその上に乗ってもちょっとつま先立ちしなければうまく見えない。両手を横長窓にかけ、まるで壁にはいつくばるような格好で倉庫の入口をのぞくのである。この体勢をとるのはけっこうしんどいので、はじめは一時間交代でやっていたのを、三十分交代で見張ることにした。

いつ出入りがあるかわからない張り込みほど疲れるものはない。ほんのときたま、一、二時間に数人が出入りするだけ。それらを確認したら、すぐ写真を撮る。どんな風体の男か女か、その特徴を可能な限り記憶しておく。

使命感に燃える刑事なら、どんなことにも耐えられる⁉

問題はトイレである。がらんどうの建物だから、トイレはない。かといって、室内で用を足すわけにはいかない。そこで我々はいちばん近い公園の公衆便所を使うことにした。歩いて五分ほどかかる。交代のとき、そこへ行って用を足すことにした。

さらに困ったことが起きた。ときは三月下旬で、花粉症が猛威を振るっている最中。長い間使っていなかった建物なので、中はなにも置いていないというものの、ホコリが積もっている。

このホコリが、同僚の刑事には地獄の苦しみを与えた。くしゃみなどしたら、それこそ張り込みはぶちこわしになる。道路は五、六メートルの幅があるが、静かなところだからくしゃみをすれば、正面の倉庫まで聞こえるかもしれない。

交代のとき同僚は、ここにいたらくしゃみが出るというわけで公園で時間をつぶすようになった。

同僚がのぞく番になった。私は三時間以上トイレに行っていなかった。すると同僚が小声で言う。

「ダメだ……くしゃみが出そうで……」

しょうがないなぁ、と思いながらも、

「わかった。オレがやろう。公園でも行ってこいよ」

と言って、私は張り込みを続行した。同僚は、鼻をズルズルいわせながら裏から出て行ってしまった。


私は窓をのぞきはじめたのだが、三月下旬といっても、まだ冷える。しかも床がコンクリートで日の当たらない室内は寒い。そのうち尿意を催してきた。背中にゾクゾクという震えが走ってくる。

尿意とは不思議なもので、「いま小便がしたい」と思っても、なにか他のことに注目すると、ふと尿意が消えていくものだ。私は一心に窓の外を注視した。

しかしその甲斐もなく、いよいよ限界が近づいてきた。下腹が張り、膀胱が破裂しそうな感覚に襲われる。股のつけ根の奥のほうがジーンとしてきた。

同僚はどうした！　ヤツは公園でノンビリしているのか！　公園……公園には便所

がある……ああ、もうダメだ！

私はのぞきながら、アクロバットのようにズボンのチャックを下げ、「お道具」を取り出して、壁にしがみついたまま、少し体を開き放尿した。もちろん片手でコントロールしながらだったから、体の横のほうへ放物線は広がり、勢いよくコンクリートの床と壁にぶつかった。だが、目は窓から倉庫の入口を見つめたままだ。

なぜこんな格好で用を足さねばならないか、不思議に思う人もいるかもしれないが、格好よくいえば、これが使命感なのだ。

ほんのちょっとでも用を足している間に、重要人物が出入りするかもしれない。それを見逃したら、張り込む意味はない。**使命感こそ、警察官を、刑事を支えているの**である。

だから、まるでヤモリの小水のような、決して人に見られたくないようなことでもできるのである。

警察の〝意外な協力者〟

いまはダメになっているが、私が交番に勤めていた頃は、よく**つけ届け**が届いたものだった。そのほとんどは、食べ物。

ようは、置いておいたらダメになってしまうものを、「ご苦労様です、召し上がってください」と届けてくれる。はっきり言えば、残飯処理係だ。

私の交番は盛り場のど真ん中にあったから、それこそ飲食店はくさるほどあった。中でも寿司屋のつけ届けが多く、握りが折り詰めで何折りもくる。ときには台車に乗せて運んでくる。

そこは大きな寿司屋だったから、見習いも大勢いた。もうもたないという寿司ネタを、見習いの連中が練習よろしく握り、それを折り詰めにして持ってくるのだ。

はじめのうちは戸惑った。体を張って街を守ってはいるが、警官がもらい物をしていいんだろうか、というわけ。

どうしましょうと言うと、上司は、「いいからもらっとけ」と言う。捨ててしまうものだし、これは相手の好意。特別お目こぼしを狙ったものじゃない、だから、いいよ、というわけだ。

夜中に小腹が減ったら、奥へ入って寿司をつまむ。まあ、これはこれでうまいんだけど、腹が痛くなることもあった。たぶん寿司のせいだと思うが、はっきりわからない。半年に一度程度のことだったが。

真夜中の〝寿司折り詰め〟を配った先は――

もちろん毎晩くるわけではないが、あるとき、こんなに、と驚くほど折り詰めが来た。みんなで必死に食べても食べきれない折り詰めの数だ。大きな宴会がキャンセルにでもなったんだろうな、などと話したものだ。

「こんないっぱい、食えねぇなぁ」

奥に山積みされた寿司折りを見て班長が言った。置いておけばダメになるのは明白。寿司屋の代わりに捨てに行かなければならなくなる。

「どうしましょう？」

そこで提案した。

「公園にいるホームレスに配りましょうか」

実は、私はホームレスの係でもあった。公園にたむろしている連中や、ビルの隙間で転がっている連中が悪さをしないように見回る役だ。これだけあれば、腹をすかしている連中も喜ぶ。それに……私には**密かな計算**もあった。

同僚と手分けして公園へ寿司折りを運んだ。顔見知りのオヤジにささやく。すると暗がりからゾロゾロとホームレスの連中が集まりだした。

「はい、並んで並んで」

そう言って、彼らに一折りずつ配った。

「ほーっ、握りかよ。こりゃごちそうだ」

ヒゲ面の汚い顔がほころんだ。

腹でもこわしたら警察のせいになるんじゃないかって？　それは心配のしすぎというものだ。連中の胃袋は鍛えられている。

なぜ鍛えられているかは、あえて言わないが、そんじょそこらのものを食べたところで、なんともないのが普通。胃腸が弱くては、ホームレスなどつとまらない。もっとも、はじめは弱くても、次第に鍛えられて強くなったヤツもいるかもしれないが。

真夜中の贈り物は、寿司折りだけでなく、パンやおにぎりなど、交番に差し入れられたものを処理できない場合は、よくやった。

ホームレスが〝探偵〟として手足になる!?

こういうことで、なにかメリットがあるのかといえば、それは大ありだ。**連中との関係が密になる**ことだ。私の密かな計算とは、このことだった。

「おっさん、この間あそこの角に止まっていたクルマだけど、誰かいじっていなかったかい？」

こんな質問にも、そうだなぁ、と一生懸命に思い出してくれる。

あるときは盗難車のナンバーを連中に流した。気がついたら、頼む、というわけだ。

すると驚いたことに、連中は公園で車座になり、盗難車のナンバーについていろいろやり取りしているではないか。そして、動き回ってくれるのだ。

連中には指令によって何十人もが動き回るという、ある種の指揮命令系統がある。そのおかげで盗難車や指名手配の容疑者がすぐに見つかったこともあった。

ホームレスが、実は探偵もどきにいろいろ観察しているなんて誰も気がつかない。

盗難車情報しかり、不審者情報しかり、いろんな情報が入ってくる。だから良い警官はホームレスをいじめないし、悪さをしない限りけっこう大事にしている。

もらい物のタダ飯でも役立つことはあるのだ。

TVドラマとここまで違う捜査官の「落とし」の技術

現行犯でない限り、被疑者（容疑者のこと）の**自白、すなわち自分の罪を認める発言は重要な意味を持つ**。こちらは自白の強制やハラスメントを絶対にしないという警察官としてのプライドがある。だからこそ、「自白」は「犯罪者の告白だ」という思いもあった。

「確かにこいつに違いない」と思っても、自白がなければこちらの思い込みかもしれないのだ。たとえ客観的な証拠があったとしても、起訴して裁判になったとき、とても公判を維持できるものではない（警察側の有利になるように裁判を進められない）。

もちろん、自白だけがすべてとは言わないが、自白により、新しい事実が出たり、被疑者しか知らない情報があれば、犯罪に関与したことに間違いはないと証明できる。こうすれば、裁判になっても公判の維持は可能である。

しかし、公安警察で扱うような被疑者は口が堅い。思想関係、特殊組織関係だが、彼らは口を割るとどういうことになるか知っているから、うかつに白状はしないのだ。刑期を終えて釈放されても、口を割ったとなれば、そのあとが怖い。

このような取調べの技術というのは、連綿として受け継がれてきたもので、ベテラン刑事はみな自分のものにしている。では、新人はダメかというと、そうとは限らない。のみ込みの早いヤツや才能のあるヤツもいるのである。それは特性というべきもので、誰でもマネできない。こういう特別体質の刑事は、**相手の緊張がゆるむ瞬間を上手にとらえる**。これは才能としかいいようがないのだ。経験の年月など実は大してアテにはならない。この道何十年とかいっても、才能や気の強さ、持ち前の賢明さにはかなわない。

万が一、あなたが取調べ室へ送られたとする。確信犯でない限り、あなたはすぐに頭を下げ、すべてを白状することになるだろう。プロに囲まれ、そこからあなたに押し寄せる威圧感は、日常の世界で絶対に体験できないものなのだ。

「落とし屋が落とせなかった男」が、なぜ自白したのか

どこの警察にも、**「落とし屋」**という刑事がいる。人生の表も裏も知っているベテラン刑事だ。しかしときにはこれらの刑事でも落とせない被疑者もいる。

思想犯で、自分のしたことは正しいと思っている確信犯である。

落とし屋のベテラン刑事の多くが刑事畑の連中だから、殺人、強盗の類の被疑者を落とすのには時間がかからないものの、思想犯となると、いつもの手が通じない。

こんなときは、本庁（警視庁）から**専門の落とし屋**が呼び出される。

たまたま、私が副署長に用事があり、秋葉原近くのM警察署を訪れたときだった。副署長と雑談になったとき、

「いまうちに、○○派のトップがいるよ。取調べの最中なんだけど、ちょっと見学し

ていくか？」

と誘われたのだ。○○派といえば、かつて派手な市街戦を繰り広げた過激派。私が、ええ、お願いしますと言うと、

「じゃあ行こう。警視庁本部から応援でふたりの刑事が来てるんだ」

と言いながら、取調べ室へ案内された。ふたりの刑事に私を紹介しながら、

「このあんちゃんが、有名なセクトのトップの顔をちょっと拝みてぇって言うから」

と副署長は言い、私を残して帰って行った。

被疑者はさすがにトップらしく、口は堅かった。ふたりの落とし屋も手を焼いていたようだった。被疑者は無表情に我々を見る。

そこで私は、ふたりの刑事に向かって、

「ちょっと喋ってもいいですか？」

と聞いた。すると刑事は手こずっていたのか、あっさり「いい」と言う。

私は彼の前に座った。相手は、なんだこいつは……というような顔をしたが、私は無視して喋りはじめた。

過激派のトップが崩れた〝禁じ手の話題〟

本来この手の取調べの場合、**政治的な議論はしないのが鉄則**だ。被疑者がやった物理的な現象のみに言及すべきで、政治論議をすれば思想がかたまっているだけに、相手は刑事を言いくるめようとする。そこで負けてしまうと、刑事は見下され、より口は堅くなってしまうからだ。

もちろん、このことは頭に叩き込まれていたが、ときにはあえて脱線することも必要なのだ。人を見て法を説く、という言葉もある。

私は、いきなり政治論争を始めた。はじめは両極での議論でかみ合わなかったものの、一時間ほど喋っていると、かみ合ってきた。さらに、現実の事件についても言及すると、その一部を認める発言までしたのである。

トップが一部でも罪を認めたというのは大変なことだ。つまり、この時点で彼は「落ちた」のである。

思わぬ幸運だったが、ふたりの専門家でも手こずった被疑者が罪を認めたのは、いったいどうしてだろうか？

たぶん彼は、公安のヤツらなど無知でレベルの低い権力の手先、程度にしか我々を見ていなかったのではないか？　ところが、まともな政治論争ができる刑事もいることに気がつき、少々驚いたのではないだろうか？

私は活動家たちと同じ目線から話をしたので、彼の頑《かたく》なな態度もほぐれ、あれほど議論が熱を帯び、ついには自分のしたことを認めたわけだ。

偶然とはいえ、この取調べ室の出来事は、私にとって大きな自信になったことは言うまでもない。

×××も怖がる「強制採尿」

覚醒剤（シャブ）の怖さをほとんどの人がわかっているにもかかわらず、相変わらず覚醒剤を使う輩が絶えない。覚醒剤は暴力団の資金源にもなっているので、警察としては徹底的な捜査をしているのだが、その手をすり抜けるように、相変わらず流通している。

ある情報が入り、暴力団の幹部を捕らえた。高利貸しがよく持つ小さ目のバッグにはわずかな量の白い粉があり、覚醒剤常用者であることは間違いないのだが、**注射アト**がどうしても見つからない。アトが残っていれば、「これはなんだ？」と追及できる。

ところが、アトが見つからないような場所に打たれるとお手上げだ。

たとえば、頭に打つ。足の指の間に打つ。スゴイのになると、肛門に打つというヤツもいるから、注射アトばかりを探すことには、それほどの意味はない。

日本の場合、自白というのが伝統的に重要で、相手が言ったことを文書にし、サインをさせれば立派な証拠になる。

自白がないと、裁判になっても公判が維持できないとの恐れもあり、まず、容疑者に自白を求める。それには、相手が観念するような立派な証拠というのが必要だ。

覚醒剤の場合の立派な証拠とは、覚醒剤の所持と、さらに**「自分が使った」**という証拠。注射アトもそのひとつだが、**尿検査**をすれば一発でわかる。これらがあれば、ほぼ百パーセント、容疑者は自白する。

この「ふたつの令状」があれば逃げきれない！

取調べ室で男を追及しても、注射アトが見つからないので強気に言い張る。

「バッグに入っていたなんて知らない。誰かが入れたんじゃないか。オレのじゃない」

「小便、調べさせろ」

と言うと、

「小便はしたくない」

と拒否する。

だいたい**覚醒剤は体内に長くて二週間、短くても四、五日は残る**。尿さえ採れれば、間違いないのだが、この男、取調べ中は小便を我慢して逃げ切ろうという作戦だ。

たとえば、おととい打ったとすれば、一日、二日我慢すればいい。

もっともずっとしないわけにはいかないから、取調べが終わって留置所に入れられたら、こっそりそこでしてしまう。いわば証拠隠滅だ。


「仕方がない、強制採尿するか」

強制採尿とは、文字どおり、**採尿を拒否するヤツから強制的に尿を採る方法**だ。ただし、これには令状がいる。人権にかかわる問題だから、法律で決められているのだ。

裁判所に行き、現況を記した書式を提出して、ふたつの令状をもらう。ひとつは、**「鑑定処分許可状」**、もうひとつは**「身体検査令状」**だ。この二通の令状さえあれば、どんなに拒否しようとも、体から尿を採取できるのである。

男は、医療機関に連れていかれた。なにが始まるかわからないまま、いきなりベッドに縛りつけられる。要するに体を固定して動けなくするのだ。そして、下半身をむき出しにされ、大事な男性器をつかまれる。大の男がベッドに張りつけられ、オチンチンを衆人に晒《さら》すというのはかなりプライドにキズがつくようで、さすがにここで「元気」を見せた男はいない。

そして、医師と看護師によって先っぽから尿道へ金属カテーテルを挿入される。男性読者諸君はちょっと想像してほしい。先から金属の管を入れられるのだ。これは想像を絶する痛さらしい。どんなにイキがっていたヤクザも、この時点で悲鳴を上げて苦痛に悶絶する。そして膀胱まで達した管から、採尿器というポンプで中の尿を吸い出すのである。

採った尿は、素早く試薬が混ぜられ、青く色が変わった。青くなれば覚醒剤が混じっている証拠だ。

「ほら、青くなった」

このひと言で男は罪を認めざるを得ない。

覚醒剤で捕まり、容疑を認めなかったとしても、最後はこの手がある。万が一あなたが捕まった場合、素直に採尿に応じたほうがいい。さもないと、激しい苦痛と、プライドが踏みにじられるような辱めを受けることになる。

肩で風を切って歩いている暴力団のお兄さんも、強制採尿だけは怖いらしい。痛いし、ちょっと血も出るからね。

勾留期間は三日間！繰り広げられる被疑者との攻防

逮捕された被疑者が警察の取調べ室に入れられる。そこで取調べを受けるわけだが、なにも知らない人は、数日ですべてが終わると思っているらしい。

刑事ドラマなどを見ると、なるほど、一日、二日で被疑者が泣いて白状して終わる。テレビなら、五分もない場面だ。


しかし実際は大違いだ。かなり時間がかかるのが普通である。だから、それなりの拘束期間、勾留《こうりゅう》期間が定められている。

被疑者を逮捕してから三日間が第一次的な拘束期間だ。**最初の四十八時間は、警察の拘束期間**。この間に検察へ送る書類づくりのために、基礎的な取調べを行なう。

ここですべてを白状してくれれば、刑事ドラマ並みに楽なのだが、ちょっと複雑になると簡単にはいかない。

〝被疑者〟が「被告人」になるのは、いつ？

次の二十四時間が検察の拘束期間になる。

警察から送られてきた書類をもとに、検察官の取調べが行なわれる。四十八時間プラス二十四時間、つまり三日間が第一次的な拘束期間となる。この時点で被疑者がすべてを認めれば、検察官は起訴し、被疑者は**「被告人」**となる。

マスコミ報道では「被告」とされる場合が多いが、これは民事裁判における呼び方で、正式には「被告人」だ。

被告人になった場合、証拠隠滅の恐れがある場合などは、勾留される。これを**「未決拘禁者《こうきんしゃ》」**と呼ぶ。もちろん、保釈などで勾留されない被告人もいるが、旅行してはいけないなど、自由は制限される。

ただし、なかなか一筋縄ではいかない被疑者が多いので、この三日間、七十二時間では足りない。そこで検察官による勾留請求がなされ、裁判所が認めれば（ほとんど認める）、**十日間の勾留**が可能になる。勾留とは、マスコミ報道で言う**「拘置」**のことだ。

この十日間で足りない場合は、さらに請求し、また十日間の勾留がなされることになる。ここらへんで普通は気持ちがひしゃげる。

事件の早期解決のために必要なこと

被疑者を取調べ室で調べる刑事は、**担当制**だ。たとえば、A刑事がその事件を担当すれば、起訴されるまでつき合うのが普通。その間、他の事件は後回しにされる。結局新しい事件が次々起こり、その担当となると、後回しにされた事件はどんどん後ろへ回ることになる。同時並行でやれればいいのだが、やはり**人手が足りない**のだ。

私は、あと四万人ほど、警官がいてもいいと思っている。機動隊ばかり大きくするよりも、もっと市民生活に近い警察官を増やすべきなのだ。

人手不足のために、警察が動けず、悲惨な事件になった例もずいぶんある。担当捜査員の資質の問題も指摘されたが、それでも人手さえあれば、たとえば、一九九九年に殺しまで起こってしまった「桶川ストーカー殺人事件」や、警察にストーカー被害の相談をしていたにもかかわらず、死者が出た長崎の事件など、起こらなかったのではないだろうか。

いまでも、全国には似たような事例が多い。

さらに、犯罪学者、犯罪社会学者、社会病理学者、犯罪行動学者など、犯罪を研究している人たちの手も借り、各警察がアドバイザーとして使ってもいいのではないだろうか。問題は、彼らにフィールド・ワークの経験がないことだが、適切なアドバイス、違った観点からの見方など、いままでの捜査法にプラスになることは必ずあるはずだ。

逆にアメリカなどには、フィールド・ワークの経験者、つまり警官から学者になるという人が多いと聞く。今後、警官という経歴を持った犯罪学者も日本に増えるだろう。私自身、その先頭を走っているつもりなのだが、仲間にはひとりも出会ったことがない。

3章

小説・ドラマより奇なり!?
この「巨大組織」で生きる道

「階級」「役職」より、この〝裏格付〟がモノをいう

警察官にも一般の会社のように、課長や係長という**役職名**がある。
よく刑事ドラマなどで、「○○警部、ごくろうさまです！」と事件現場でやっているが、あのようなことはまずない。警部とは「階級」のこと。それに応じた「役職名」が警察にはあるのだ。

日本には、国の警察機関として内閣総理大臣の下に置かれている「**警察庁**」と、各都道府県に置かれている「**都道府県警察本部**」がある。
つまり、
内閣府の組織……警察庁
都道府県の組織……都道府県警察本部（＝県警）

の二本立てになっているのだが、もちろん、それぞれが事件解決に協力し合ったり、人材の交流もある。くわしい説明は省くが、おおまかに言えば、警察庁の下に都道府県警がある、という仕組みだ。

年齢差、学歴……一切関係なし！

よくドラマで耳にする「警視庁（＝本庁）」とは、東京都の警察本部のことだ。
また、〝所轄の人間〟というのは、警察本部の下にある警察署に所属している人間を指す。この警察署のことを「所轄」とも呼ぶ。
わかりやすくいうと、都道府県の警察組織は、
警察本部（東京のみ「警視庁」）→警察署（いわゆる所轄）→交番・派出所・駐在所
という仕組みになっているのだ。

通常、小規模な警察署の警部なら〝課長〟と呼び、本庁の警部なら〝係長〟や〝主査〟という。一般社会なら、係長より課長が偉いのは当たり前だが、警察はそうではない特殊な内部構造があるのだ。

警察学校では入校時期によって生徒たちを〝期〟と呼ばれるグループで分ける。つまり、第十期入校なら、それより数字が若ければ先輩、数字が増えれば後輩となる。

たとえ年上であろうが、有名大学を出ていようが、**期が古いほうが警察学校内では〝先輩〟**なのだ。

これは、任官しても、OBになっても不変の上下関係なのである。

「所轄内の上司・部下」が居酒屋へ行くと……

「○○係長、この書類、もう少し丁寧にやってくれるかね」

「はっ！　課長。申し訳ありません。至急、修正いたします」

所轄内ではこんなやりとりをしている上司と部下。どこにでもある普通の光景だ。

しかし、部下の〝期〟が上司より古かったりすると大変だ。

「てめぇよお、ありゃねぇよな。書類の不備ぐらい、てめぇで修正しろってんだよ」

「はっ！　申し訳ありませんでした」

「おう。とりあえず、タバコの火」

なんて感じで、所轄内では上司のはずが、居酒屋などでは立場がまったく逆転してしまうことがある。

もちろん、所轄内では階級上の上司と部下の関係が保たれているのだが、一歩外へ出ると、このようなケースが多くあった。


つまり、多くの場合で**〝期〟がモノをいう世界**なのだ。角界や芸人と同じで、こんなふうに絶対的な上下関係が決まっていく。実にわかりやすいルールである。ただし、「階級」というものの重みや強さも厳然としてあり、相手がソレを使って押してくれば、もちろん〝後輩〟に従わなければいけない場合もある。しかし、犯罪と戦う「現場」は「戦場」だ。上司風ばかり吹かせていると、敵からの物騒な暴力に立ち向かう際に、「力」を貸してもらえない。そんなケースも多々あった。

あの有名な「両さん」はここまで偉かった⁉

『こちら葛飾区亀有公園前派出所』（略して『こち亀』）というマンガをご存じの方は多いだろう。

このマンガの主人公である、日本でもっとも有名な警察官・両津勘吉《りょうつかんきち》は、「階級は巡査長」となっているが、実は**巡査長とは名称であって〝階級〟ではない**。

巡査長とは名誉職みたいなものであり、一般的に**古参の巡査に与えられる称号**である。それゆえに、巡査長と呼ばれる者は、ベテランであり、血の気の多いヤツが多い。

若い巡査たちからも慕われ、上司たちからも一目置かれる存在だ。

とくにヤクザの組事務所へガサ入れに入ったときなど、二十歳を少し越えただけの「新任キャリア」程度ではナメられて手に負えない場合が多々ある。

◎警察の階級は"こう"なっている!◎

序列	階級	主な役職
1	警視総監	警視総監(警視庁のみ)
2	警視監	管区警察局長・警視庁副総監・道府県警本部長
3	警視長	道府県警本部長・方面本部長
4	警視正	警察本部部長・主要課長・大規模署長
5	警視	警察本部課長・警察署署長・副署長・機動隊大隊長・県警本部管理官及び理事官
6	警部	本部係長・警察署課長・課長代理・機動隊中隊
7	警部補	警察本部主任・警察署係長・機動隊小隊長
8	巡査部長	警察署主任・機動隊分隊長
非階級	(巡査長)	指導係員
9	巡査	係員

ガサ入れ——こんな警官に来られたらたまらない

新任のキャリアとは、いわゆる「キャリア組」として警察庁や警視庁に入った人間。これが研修期間中に所轄にやってくる。二十歳そこそこの新人であってもいきなり「警部補」からスタートである。役職だけは、勤続何十年のベテランよりははるかに高い。だが、「経験値」では雲泥の差だ。

こういう場合、ベテラン巡査長の出番だ。

「おう、ヤー公。ナメた口利《き》いてんじゃねえぞ!」

「ナンやと、しけたポリが! いてまうど、ボケ!」

「ゴンッ！」

ヤクザがつかみかかろうとした瞬間に警棒で殴り倒したデカもいた。

「おら、どいつでもかまわんから、かかって来いやぁ！」

アニキが殴られたとあって舎弟《しやてい》たちがいっせいに巡査長へかかっていくが、誰ひとり相手にはならない。まさに、〝両さん〟ばりの大暴れ。ヤクザにとっては警察官バッジの階級は関係ない。その場でもっとも乱暴な警官がいちばんやっかいな存在なのだ。

敵にナメられ、部下には〝オイシイところ〟を持っていかれ……

しかし、この状況でいちばんあせっているのは、ヤクザではない。巡査長の上司である警部補である。ヤクザにナメられたうえに、部下の巡査長にはオイシイところを持っていかれ、面子《メンツ》もなにもあったものじゃない。

現場のあとには、ヤクザより怖い巡査長が待っているので顔面蒼白だ。

「係長よおー。あんた上司なのにヤクザにビビってるって、どーいうことだよ？」

「じ、自分は状況を静観してただけであって、ビビってなんかいないぞ」

「あ、そう。でしたら今度のガサ入れに私は同行しなくてもＯＫっすね」

「え……!?」


係長はふたたび青い顔になっている。ガサ入れに巡査長は来ないということは、現場でシャブでも入れた怖いヤクザにボコボコにされかねない。死活問題だ。

「すみません。これからもご指導、お願いします!!」

「おう。了解した。じゃ、ボディーガード代としてちょっと銭貸してくんねぇか？」

もちろん係長は速攻で金を貸していた。二万や三万の金で殉職を免《まぬか》れるなら安いもんである。中には「おう、ヤリマン（一万円）くんねぇか？」と上司にすごむ巡査長もいた。あとから返すから、そこらへんはやはりケーサツだ（笑）。

警察には、両さんよりもハードコアな巡査長がゴロゴロいるのである。

キャリア組も泣きを見る〝鉄の上下関係〟

たとえ相手がキャリア組であっても、巡査長クラスは平気でとんでもないことをする。警察庁にキャリア採用されると、警察大学校で研修を受け、その後に交番で見習い勤務をするときがある。一緒に行動するのはベテランのW巡査長だ。

年齢は巡査長のほうが上だが、階級はもちろん下である。

通常、ノンキャリアの交番勤務の警察官がキャリアと交流する場合、それこそ、はれ物を扱うかのごとく接するのだが、W巡査長はおかまいなしだ。

「ほう、兄ちゃん東大かい。だったら、すぐに署長さんじゃねえか。がんばれよ！」

「はい。ガンバリます」

なんてフランクな会話をキャリアとしたりする。しかし、このキャリアはたった数年で本当に署長になって、転勤先に横すべりしていたこの巡査長の前にまた現われた。

〝腕っ節〟の強い先輩ノンキャリには絶対服従!?

「見習い中は、お世話になりました！」

「おう、兄ちゃんか。今度、飲みに連れてってくれよ」

「はい。ぜひ行きましょう」

ここで、はいはいと飲みに行くと、これまた大変なことになる。相手は階級こそ下だが、百戦錬磨のベテラン巡査長。しかも〝期〟では圧倒的に先輩だ。

「てめぇ、オレの酒が飲めねぇのかよ」

「はい。いただきますっ！」

「プゥー‼　か、辛いッ！」

コントのような勢いでキャリアが酒を吐き出した。

この若手署長が気に食わない他のベテランたちが、イタズラで酒に唐辛子を仕込んだのだ。

しかし、署長はここでキレるようなマネはしない。

いくら署長でも百戦錬磨の警官たちの前では、なすすべなくペコペコ。ここで、ちょっと感じの悪い態度でもとろうものなら、部下たちの信頼を失うし、それこそ酔った警官たちにフルチンにされかねない。普通の会社なら支店長に向かって「飲め！」とか言う部下はいないが、警察社会ではアリなのだ。福島県警捜査二課では、キャリア課長が力を振りかざして自殺者まで出したパワハラ事件が起きたが、こんな許されないことをするよりは、数千倍マシだ。

キャリアの署長といえども期が上で、さらに腕っ節の強い警官には逆らえない。これが警察の裏上下関係なのである。近年では、このような大胆エピソードの減りつつある警察界だから、全国のどこでもとは言わないが……。

〝バトルの最前線〟に行ける警官、行けない警官

映画『踊る大捜査線』のヒットで警察庁のキャリアと呼ばれる人間たちがクローズアップされるようになった。

警察庁のキャリアとは、国家公務員採用I種試験をクリアして、警察庁へ入った者のことで、全国の警察職員二十六万人のうち五百人ほどしかいない。

警察学校を出て警部補として研修期間を終えるとすぐに警部となるので、ノンキャリと呼ばれる**一般の警察官とは出世のスピードが段違い**。それこそ、F1とファミリーカーぐらい違うといっていいだろう。

ドラマや映画ではキャリアたちが、一般のノンキャリを見下すシーンが多く登場するが、実際の現場ではそんなことはない。事実、私の場合は英語が人よりはできたた

めに、外国人事案ではキャリアたちに重宝され、一目置かれる存在だった。

前出した巡査長のように腕っ節が強力なベテランも現場では重宝するので、同じく一目置かれることになる。

キャリアはドラマなどの影響で「融通の利かない堅物」のイメージが定着してしまっているが、**現場での人材活用に関してはフレキシブルな面も持ち合わせているのだ。**

ただし、ドラマどおりの面もある。やはり、常に受験戦争で勉強ばかりしてきた人たちなので、どうしても格闘能力だけは身につけることができなかった者が多い。

キャリア組は、まるで〝箱入り娘〟⁉

しかし、キャリアの中にも腕っ節のたつものがいる。

私の友人のキャリアは、『踊る大捜査線』の室井慎次（警察庁の警視監）クラスを部下に四人以上従える超エリートなのだが、五百人規模の空手大会の組手で、常に上位に入賞するほどの腕前を持つ。どんなヤクザを相手にしてもまず負けるはずがない。

大沢在昌の小説『新宿鮫』に登場する鮫島警部のような男である。

だが、現実の警察では、鮫島警部のように大暴れするキャリアは存在しない。悲しいことに**キャリアは暴力ご法度**なのだ。どんなに空手が強かろうと、射撃がうまかろうと、テロ組織などと対峙する暴力の最前線へ赴《おもむ》くことはない。いや、本人が行きたくても、行かせてもらえないのだ。

キャリアは全国に五百人しかいない存在なので、まわりからそれはもう大事に扱われる。**ちょっとした視察にでも警備の人間がつくほどの〝超箱入り〟**なのである。警備するほうも「将来の警察を担う人間に傷ひとつつけられない」と、ガチガチになって行なう。

このような環境では、鮫島警部のような立ち回りは不可能だろう。

私も警察官を志そうと決めたとき、国家公務員採用I種試験に一瞬だけ興味を持ったが、「キャリアは暴力ご法度」と知り、ノンキャリで志願したひとりだ。現役の中には私のような考えで、ノンキャリを志願した者も多いと思う。

私は警察官になる前から警察庁長官を務めた石井榮三さんの青山の居宅によく遊びに行っていた。東大卒キャリア警察官僚の先輩中の先輩である。その他、数千人のキャリアやＯＢと親交があるが、こっちは犯罪の最前線で闘うことにしか興味がないタイプだ。彼らのような仕事はしたいと思ったことはない。

もし、実際の警察で鮫島警部のようなキャリアが現われ、両さんのように豪気な巡査長とコンビを組んだりしたら面白いかもしれない。

暴力の最前線へ出撃できずモヤモヤしているキャリアにとってはいいガス抜きになるだろうし、巡査長にとってもキャリアと組むことで仕事に対して新たな発見をもたらし、捜査も活性化されるだろう。

事実、警察官のほとんどが『新宿鮫』と『こち亀』（実は、単行本第三十九巻のストーリーは私が原作した）の愛読者だ。

ぜひ、現役のキャリア諸君に、このような人材を発掘し、大いに活用していただきたいものである。

警察官の意外な「ご法度」項目

「制服警官は極力公衆便所を使用しない」ということは、ご存じの方もいるかもしれない。

その理由は、決して一般の人の迷惑になるからだけではない。中には警官のけん銃に興味を示す輩もいたり、警官が嫌いだという輩も多数いる。こういう連中にスキを与えてはいけないというのが大きな理由である。だから、あまり公の場で便所は使わないというのが原則なのだ。

では、パトロール中に激しい尿意、便意を催したらどうすればいいだろうか？　制服警官も人間だから、腹の具合が悪いときだってある。

そんなときは、警察の施設のトイレで処理する。

「制服姿で外食」はなぜ禁止？

「でも、そんな都合よく警察施設があるの？」――そういう疑問は当然だが、ここでいう**警察の施設は、なにも交番や警察署だけではない**。

一般の人には、交番や警察署だけが警察の施設と思われるようだが、実は、ちょっとした街なら警察に関連している建物は至るところにあるのである。

普通の会社が入っているようなビルの中にも警察関連の施設はある。警察官はもちろんそれを知っているから、そのビルに駆け込むことになる。警察手帳を見せて中へ入り、用を足すのだ。

それ以外にも、制服姿の警察官にはいろいろな禁止項目がある。もちろん、ものを食べながら歩くのは厳禁だが、同時に喫煙も歩行中はダメ。交番の中でも、できるだけ見えない場所でタバコを吸う。

さらに自動販売機で飲み物を買うことはいいが、**外で飲食してはいけない**。コンビニなどで、制服姿でものを買うのは許されている。ただし、食べるのは戻ってきてから。

このような禁止項目は、いずれも制服姿の場合に限られる。私服の場合なら、公衆便所で用を足そうが、歩きながらなにかを食べようが、いっこうにおかまいなしだ。私服の場合、まず警察官とは思われない人も多いから大丈夫なのである。

「敬礼」の面白すぎるTPO

警察官同士が敬礼をしていることを見かけたことがあると思うが、これにも禁止項目がある。

普通は、帽子に制服姿だが、署内では帽子を脱いでいる場合がある。無帽に制服である。こんな**無帽の場合は、挙手の敬礼はしない**。しないというより、「やってはいけない」ことになっているのだ。

たとえば、よくドラマなどでありがちなのが、無帽の制服を着た署長などが、刑事たちに訓令を垂れ、送り出す際、敬礼をして「必ず犯人を挙げるように」などと言っている。

しかし、この場合は挙手の敬礼をしてはいけない。無帽の場合で、しかも、相手は私服——こんなときは、挙手の敬礼でなく、お辞儀の敬礼をするのである。

お辞儀の仕方にもいろいろな種類がある。まず、両手を体にピッタリとつけて十五度前方へ傾けるお辞儀。これが**「敬礼」**だ。自分と同じか、それ以下の者に対して行なう。さらに深く、三十度傾けるのが、**「最敬礼」**である。これは自分より上位の者に対して行なう。

ただし、お辞儀は首を垂れるのではなく、むしろ顔は上げたまま相手の目を見ながら行なう。

一般のお辞儀は、首を垂れ、視線を相手の膝あたりにもってくる。

しかし、警察では違う。首を垂れてしまうと、相手に首筋を見せることになり、かりに相手が突然襲ってきたら、首を一撃のもとにやられてしまう。**相手から視線を外さず、常に安全な体勢をとる**のが、警察のお辞儀なのだ。

もちろん、私服同士は、こんなことはやらない。道端で深々と挨拶などしている暇はないのである。しかも、原則的に警察官は制服着用なのに私服姿というのは、いわば身分偽装。早くいえば変装の類である。

変装しているのに、警察官が行なうような挙手の敬礼をすれば、何者かわかってしまう。変装の意味がない。だから、簡単な挨拶にとどめる。

名前を呼ぶ際も細心の注意を払う。もちろん、肩書きをつけて呼ばない。普通に名前を呼ぶ。ときには愛称で呼び、どこかの会社の同僚を装うのだ。

テレビドラマの私服刑事のように、「警部！」とか、「デカ長（部長刑事のことだが、実際は使わない）」などと呼び合うようなことは決してないのである。

「事件現場へ直行！」の現実

「事件は現場で起きている」とは映画の名セリフだが、考えてみれば当たり前のことだ。警官にとって、**事件現場へ行くことは重要な職務**で、ひとたび連絡が入るや、現場へ直行しなければならない。

現場にはさまざまなシチュエーションがある。窃盗やひったくり、通り魔など、すでに犯行が終わってしまった現場や、乱闘、ケンカなどのように事件が進行中の現場もある。

そのいずれも、通報があれば出動するわけだが、交番の警官がひとりで行く場合、あるいは十人以上が行く場合など、通報の状況によって現場に集まる警官の数は違う。交番にも当然無線は入り、警官一人ひとりにも連絡は入る。それによって、交番なら班長が、本署なら、課長、係長が出動の指令を下す。

本署にもその状況が無線で流されている。**本署ではいながらにして、現場の状況がわかる**という仕組みである。

ゴロツキ同士の乱闘現場へ〝臨場〟！

工事現場で四、五人のゴロツキ同士が乱闘しているという一一〇番が入り、周辺の交番にも連絡が入った。さあ、現場へというわけで、自転車に乗って私と同僚のふたりは元気いっぱいで駆けつけた。逐次無線には状況が入ってくる。

「現在制圧中、応援頼む」

「了解、臨場します」

……などなど、さまざまな声が入り乱れ、我々はその声の中から、いま必要な情報を得る。**「臨場する」というのは、「場に臨む」、つまり現場へ駆けつけます、という意味**だ。

「まだやってるな。このままキープ、キープ」

私と同僚は、ひと暴れできるぞ（？）という気持ちを抱きながら現場へ急いだ。相変わらず署活系無線（署外活動に使う警察無線）には状況を伝える声が響いている。

「G、臨場します」

その無線に、ああ、Gも来るのか、かなりの人数が集まるなと思い、遅れてならじと、ペダルに力を入れた。Gは同じ署の同僚だが、交番が違う。ちょっと調子のいいヤツだ。

現場では、まだ乱闘が続いていたが、十人以上の警官、パトロールカーが三台集まり、乱闘の輪を小さくしていった。そして、血まみれになったヤツを助けたり、警官隊が一人ひとり押さえにかかり、乱闘は収束を見せた。

私はひと暴れを期待したのだが、少し遅れたせいか、野次馬の整理に回されてしまった。そのときも無線には、「G、臨場します」という声が流れていた。

ゴロツキどもを制圧し、パトカーに乗せたり、あるいは救急車に乗せたりと、現場処理に終始し、あまり体を使わなかった私たちは、少し物足りなかった。

無線で何を話しているのか

数日後、宿直者勤務対処といって夜勤の署員に夜食が出るのだが、それを署員食堂で仲間と食べているとき、誰かがポロッと言った。

「そういえば、あの乱闘のとき、Gのヤツ、来てたか？」

「いやぁ、気がつかなかったな」

結局、結論は「いつものことだろう」ということになった。

いつものことというのは、過去何度も「臨場する」と言っては、実際現場でGを見かけたことがなかったからだった。無線で言うだけで、現場に顔を見せないのだ。現場は混乱しているし、いちいち点呼をとるわけではない。

それをいいことに、Gは声だけ参加しているのである。自分は働いていますという、ポーズである。

なぜ、Gは無線を使って「声だけ」参加するのか。

それは、いわば**アリバイづくり**である。無線は、本署にも流れていく。上司はその無線を聞いている。「G、臨場します」という声が無線から流れれば、上司たちはGが現場に行ったと思ってしまう。

「無線芝居」はこうしてバレた！

ところがGのせっかくの**「無線芝居」も、ある事件でバレてしまった。**乱闘しているという通報で、例によって現場へ直行したときのことだった。周辺の交番から十人近く警官が集まったのだが、その通報は、イタズラだったのである。

現場だという公園に集まったものの、あたりは夜の闇に包まれ、街灯だけが静かに周囲を照らしていた。冬だったせいか、公園には誰もいない。

集まった私たちは、くそー、イタズラか、と口々にブーたれていた。そこへ、「G、現場へ臨場します」という無線が入ったのだ。

「なんだコリャ」

誰かが言った。

「まただよ」

いっせいに嘲笑が起こった。

こうしてGの「無線芝居」は上司の知るところとなり、こっぴどく叱られたという。Gには「透明人間」というアダ名がつけられ、後輩からもバカにされるようになった。

実際はなにもしていないのに、自分はやっているフリをするGのようなヤツは、どんな社会にもいる。

あなたのそばにも、ひょっとしたら透明人間がいるんじゃなかろうか？

4章

頭脳戦に必ず勝つ

泣く子も黙る⁉ 情報部隊

「公安警察」とは何をするところか

「公安」と聞くと、どんなことを思い浮かべるだろうか。

顔を見せずに裏でこそこそと嗅ぎまわる……「何やらキナくさい人たち」と思う人もいるかもしれない。

「公安警察」とは通称で、東京以外の地方では警察本部の「警備部門」に属している。東京都のみ、「公安部」という独立した部門を持ち、日本の公安の中でも最大組織となっている。

公安警察の仕事は多岐に渡るが、事実上、**暴力団などの犯罪組織、左翼・右翼などの政治組織、カルト的な宗教組織、反社会的な労働運動、反社会性を有する反戦運動などの監視**だ。

必要とあらば公権力を発動して、治安の維持を図る。
公安警察の目的は、護民であり、民主体制の維持であり、公共の安全である。

「政府が戦争を企図しているなら、政府を調べろ」

私が公安警察の捜査官になるとき、公安捜査講習なるものを受けさせられた。そのときの教官は次のように述べた。

――公安の究極の目的は**公共の安全**であり、それはとりもなおさず**政治の安定**である。政治の安定があってはじめて社会の安定があり、国民の安心がある。

民を安んじるという政治の根幹を公安警察は維持すべきであり、たとえば、**政治が理不尽な戦争に向かう**となれば、民を安んじるという大前提が崩れるわけだから、**公安警察は徹底して対抗すべき**である――

その時、教場で難関公立大学卒の者が問題提起の意図をもって質問した。

「現体制の維持という目的がある以上、政策も含めて、たとえそれが戦争へ向かおうが、その政治を支持するんじゃないですか？」

するとその教官は、「それは大間違いだ」と言う。

すると、大勢の講習生が――もちろん彼らもすべて公安警察に登用される連中で、それなりに頭脳のレベルも高い――「えーっ！」と、あ然とした声を上げた。

現体制を維持するという公安警察の目的と、戦争に向かう体制を受け入れるのは大間違いという教官の言葉が、矛盾に聞こえたからだ。

講習生のひとりが立ち上がって質問した。

「政府与党の政策を受け入れて行動するのが公安の役目じゃないんですか？」

すると教官はニヤニヤしながら、

「毎回これを言うと、キミのような質問が出るんだよ」

と受け流し、こう言った。

「政府が『理を尽くさぬ戦争』を企図しているのなら、政府を調べろ。議員の中に戦争で日本を壊滅させるような意見を持っている者がいたら、その議員を調べろ」と。

教官は、自分の長い公安捜査歴の中で現実に体験し、体感したものを我々に伝えたかったのだろう。よーく考えれば、よくわかる。

「公安警察」＝「特高」ではない

公安警察とは、たとえば人間の体にある「恒常性《ホメオスタシス》」のようなもので、一方に傾いたら、それを真ん中へ戻そうとし、もう一方へ傾いたら、再び真ん中に戻すという、そんな働きを持つ。決して一方のケツを持って動き回るものではないのだ。

世間では、公安警察に対して、かつてあった特別高等警察、いわゆる特高のイメージがある。治安維持法の名のもとに、思想犯を取り締まって過酷な拷問を行ない、多くの人の命を奪った組織だ。

しかしそれは大きな間違いで、**近代の「公安」は、あくまで公共の安全が基本にある**のだ。

公安嫌いのジャーナリストが圧倒的に多いが、本質や内情も知らないとバランスが悪いぜ。

ここが違う！「公安警察」と「刑事警察」

公安警察とは、前項で述べたように、**「国家体制に対する犯罪行為」を取り締まる**のが主眼だが、刑事警察というのは、それ以外の犯罪行為を取り締まる。普通、一般人が接する警察は刑事警察や交通警察が多い。

たとえば刑事警察では、ある人物と接触するとき、警官は警察手帳を見せる。身分証明書である警察手帳は、ちょうど水戸黄門の印籠《いんろう》のような力を持っており、普通の人なら、これを差し出された場合、「ハハーッ」とまではいかないまでも、警官側に有利な力関係ができる。ただ、その場合、警官はどっしりとかまえないと、逆にナメられたり、反発を受けないとも限らない。要は、それなりの人間力が必要なのだ。

公安警察の場合も、そういった人間力はもちろん必要なのだが、それにプラスしてセンスが求められる。

これは先輩からよく言われたことだが、**「目先の相手だけを考えてはいけない。総合的に見なくてはならない」**のである。

〝情報のつながり〟を読み解く力

どういうことかというと、**公安的センス**という、やや抽象的な感覚である。

刑事警察なら、目先の接触した人物そのものに問題があるわけで、まず、その人物を徹底的に調べる。しかし公安の場合は、その人物の出自、体調、嗜好、異性感覚、趣味、教養、そして周辺の人間などにも注視する。

たとえば、Aという人物に接触した場合、Bという人間の存在を知らないとAそのものの特性が浮かんでこないということがある。だから、Bも調べておかなければならないし、さらにCという存在もあるかもしれない。さらに詳しくあたると、BにはB′がいたり、CにはC′がいたりもする。

こういうつながりを**「人間につながる鑑《かん》」**と呼ぶが、このつながりを無視して単独のひとりだけを調べることはない。

つまり、その人物の全体を俯瞰《ふかん》してみることが必要なのだ。

たとえば、ある会社に部長がいたとする。刑事警察なら、この部長に横領などの嫌疑がかかった場合、まずその部長ひとりを引っ張ってくれば、そこからいろいろな糸がほぐれてくる。

公安警察の場合なら、その部長がなにか反社会的、反組織的な問題があったとするなら、まず、その会社全体を眺め、その部長と誰がつながっているのか調べる。そこで浮かんだ人物は、今度は社内の誰とつながっているのか、俯瞰して眺めるのだ。

人物から糸をほぐしていくのが刑事警察なら、まず全体の糸の張り方を見て、その人物がどのあたりにいるかを把握するのが公安警察なのである。調べる方向性が違うともいえる。

だから、公安の警官には、交番から始まってさまざまなポジションを経た経験豊かな人物が多い。そして、公安で能力のある人というのは、向上心を常に持ち、情報を掘り下げていく不断の努力をするタイプで、私の周囲にはたくさんいた。こういう人物は、情報収集もいとわず、もちろん大局から物事を考えられる人たちだった。

外科手術よろしく、患部（犯人）を切り取っておしまい、というのが刑事警察なら、その患部がなぜおかしくなったのか、内科的に調べたり、ときには東洋医学を使って長くつき合っていくのが、公安警察の捜査法なのである。

スパイ映画さながら⁉ 敵の謀略にははまらない法

公安警察で仕事を続けていると、何事にも慎重になる。

相手は思想犯が主体だから、刑事警察が捕まえるような犯罪者のように、ただ力まかせに向かってくるとは限らない。ときには、**謀略的な罠**にはまることだってある。あなたがよく見るスパイ映画のような、そんな状況だって起こるのだ。

かつて、グアム島で行なわれたパーティでＦＢＩ（連邦捜査局、アメリカの警察組織）で情報活動をやっていた知り合いと出会ったことがあった。

彼も仕事柄、その立ち居振る舞いは慎重そのものだった。

元ＦＢＩ諜報部員の〝慎重すぎる〟話

　立食パーティスタイルのその宴会で、彼は絶対に飲み物を他人まかせにしなかった。ことになる。**必ず自らの手で飲み物などを取る**のだ。立ち話をしていて、ちょっと飲もう、というたウイスキーを取りに行こうとすると、いいよ、一緒に行こう、と言う。

　ふたりしてそのテーブルからウイスキーの入ったグラスを取るのだが、並んでいるものは取らず、新たにつくらせて、それをもらっていた。

　なぜそんなことをするかというと、もしかして、その**グラスに毒が仕込まれているかもしれない**からだという。お前に頼まなかったのも、万が一、お前がグラスに毒を入れるかもしれないからねと、彼は笑って言っていたが、冗談ではなく、本気らしい。信じられるのは自分ひとりなのだ。

　バーで注文するときも、あれとあれをシェイクしてくれと、バーテンを目の前に立たせてつくらせる。けっしてできているものを飲まない。

確かに用心深い。私など、酒はあまり飲めないから、ペリエなどの炭酸水を飲む。栓をあけてグラスに注ぎ、飲む。彼の場合なら、栓をあけ、そのまま飲む。グラスに注がないのだ。なぜかというと、グラスに毒が塗られているかもしれないからだと言う。慎重の上にも慎重を期す。

誰もが震え上がる肩書きと悲しい職業病

私は警察を卒業してしばらくたっていた。アメリカ人の彼も、元ＦＢＩだ。単なるＯＢで、今では一般人だ。しかし、敵対している相手から見れば、ＯＢであろうと関係ない。そういう連中から見れば、いまだに憎い公安であり、ＦＢＩなのである。だから、いつどこで、敵が罠を仕掛けてくるかもしれないのだ。とくにアメリカの謀略テクニックはすさまじいから、彼が用心深く振る舞うのも無理はない。

それ以来、パーティに出席するときは、彼のやっていたとおりにやるようになった。疑えばきりがないのだが、用心するに越したことはないからである。

家に帰っても同じだ。**家の扉を開けるとき、無意識のうちに中の様子に神経を集中している**自分がいる。なにか変な音はしていないか、変なニオイはしないか……などなど、瞬時にチェックしている。

たとえば、誰かがこっそり侵入して、室内にガスを充満させていたらどうなるか。電気のスイッチを入れたとたん、一巻の終わりである。また、刃物を持った誰かが隠れているかもしれない……。密かに合い鍵をつくられる可能性もあるので、家のドアを開けるときはかなり用心深くなっている。

家に入ったら入ったで、まず玄関の様子をチェックし、各部屋をのぞく。とくに風呂場と便所は要注意だ。これがすんではじめて、ソファーにどっかと腰をかける。

これで一日の仕事は終わったというわけだ。

自分の家がいちばん安心できるところという感覚は、もはや私の中にはない。

女と暮らしていないのかって？　いない。

まあ、職業病といえば、職業病。悲しいけれど。

「公安捜査官の自宅の合い鍵」がこんなところに！

私が公安警察の捜査官をはずれてしばらくたった頃の話だが、ある左翼セクトの事務所の家宅捜査をしたら、鍵束が出てきた。二百本以上のさまざまな鍵だ。

この鍵はいったいなんの鍵だと尋ねても、知らないという。あったことも知らないなどと、平気でシラを切る。結局押収して調べることになった。

よく見ると、街角の合い鍵屋でつくる鍵の形をしている。一つひとつに番号も打ってある。全部ばらして一本一本調べると、とんでもないことが判明した。なんと、**公安捜査官の自宅の合い鍵だった**のである。それも二百人以上の家の合い鍵だ。

もしかしたら、留守中、彼らの誰かが家に押し入り、いろいろ調べたのかもしれない。合い鍵のあった捜査員たちは驚き、あわてて自宅の鍵を新しいものに換えた。

彼らはいったいどうやって合い鍵をつくったのか?

まず考えられるのは、公安捜査官のリストを手に入れ、それぞれを尾行して住所を知る。留守の間に密かに鍵の型を取り、複製するという方法。

そして、気味の悪いのは、内部の人間の誰かが捜査官の個人情報を渡した、つまり、**スパイがいるという可能性**である。

密かに調査をしたが、スパイらしき怪しい人物は浮かばなかった。やはり、尾行を繰り返して合い鍵をつくったのだろうということで落着したが、内部の誰かについては、密かな調査は続けられている。どんな組織にも、必ずおかしな人物が生まれるものだという前提のもとにだ。

「思想の自由」VS.「国家権力」

このような極左セクトとのつばぜり合いは、すでに何十年の長きにわたって、**「警察対極左」**の構図で続いている。

この何十年、成田闘争などを経て、彼らはなお現体制を転覆することが日本の唯一の道と考えている。こういう思想の世界は、なにが善でなにが悪か、その正解はあってなきがごとしである。ただ、公安警察は、あくまで民主体制維持が第一義で、民主主義を揺さぶり、治安を乱すものを監視し対応するのだ。

ただし、憲法に**「思想の自由」**は謳《うた》われているし、すべての日本人は、どんな思想を持っても、たとえそれが暴力的で極端な思想であっても、法を守ってさえいれば、公安警察の出る幕はない。左翼的なメディアであれ、右翼的なメディアであれ、法を順守しているならば、公安警察は表立って手出しできないのだ。

最初の合い鍵の話に戻るが、二百本以上の鍵束の中に、私の友人宅の合い鍵もあった。しかも調べてみると、二年前から同じ鍵だった。

ということは、この二年間、彼のあずかり知らぬところで、変な人物が家の中をうろついていた可能性もあったのだ。思わず背筋に寒いものを感じたが、幸いその間、身の危険を感じたことはなかったそうだ。

そして私は、刑事警察のときも公安外事警察のときも、存分に暴れまくってきたから、しこたま敵ができた。いまでも私は定期的に家の鍵を新しくしている。

CIAエージェントの「マル秘工作」

あるCIA（アメリカ中央情報局）のエージェントと仕事をしたり遊んだりしていた頃の話だ。

彼はアメリカ大使館に勤めており、表面上は単なる一職員だ。体つきもよく、空手の達人で、おまけに二枚目。そんな彼と、仕事といいながら、よくライブハウスなどへくり出していた。払いはいつも彼のゴールドカード。とにかくCIAの連中は金回りがよかった。

色男だから、ライブハウスへ行っても目立つし、バンドの女の子たちからも人気がある。その中のひとりの女の子と仲良くなって、彼女たちのバンドが出るライブハウスへ顔を出していた。

そのうち、その女の子が、練習しているところへ見に来てと、彼に誘いをかけた。もちろんOKということになって、私も一緒に出かけた。

はじめはみんな口論から

新宿のビルの地下にある店じまいしたクラブのようなところで、彼女たちは練習していた。私と彼は、その地下へずかずかと入り、練習風景を見ようとした。するると店の入口に大きな黒人が立ってガードしている。体重百二十キロは優にありそうなブラザーだ。このような仕事を英語ではバウンサーと呼ぶ。

我々はブラザーを無視してドアを開けようとした。練習中の曲がかすかに聞こえている。するとブラザーが「ノー」と言って、ドアの前に立ちふさがった。練習を見に来たんだ、中の彼女と約束したんだと言っても、彼は頑《がん》として動かない。

どうもこのビルのオーナーが組関係の人物で、自由に練習させてやるとおいしいことを言って、彼女を狙っているらしいのだ。ブラザーはその組に雇われた、いわば用心棒で、彼女に変な虫がつかないよう守れと指令されていたようだ。

開けろ、ダメだと、彼とブラザーの口論が始まった。はじめはおとなしい言葉（英語）でやり取りしていたのだが、そのうちトーンが上がり、言葉も汚いスラングに変わってきた。どっちが先に手を出したのかわからなかったが、**いきなり殴り合いが始まった**。

空手の達人である彼は強烈な蹴りを入れた。たまらずブラザーは尻餅をつく。そして起きあがり、ボクシングスタイルのパンチをくり出した。彼は上手によけながら、正拳をブラザーの顔面に打ち込む。ブラザーの鼻から血が噴き出した。ブラザーは奇声を発して上着を脱ぎ、下へ叩きつけた。

それを見て、彼も上着を脱いだ。上着を持たされた私は、一歩下がって、この戦いを見届けようと思った。

巨漢のブラザーを〝肘打ち〟で撃沈！

彼の空手は沖縄空手で、柔らかそうに見えるがスピードがある。

ブラザーのほうはボクシングをやっていたらしいが、ガードが甘い。まあ、あの体躯だから、多少打たれても平気なのだろう。しかし、鼻血で血まみれだ。

殴り合いはしばらく続いた。

外の騒ぎに気づいたのか、店のドアが開いてバンドの女の子たちが顔を出した。ふたりの大男が殴り合うライブに、彼女たちは言葉もない。

接近した彼が、下からアッパーカットのように、肘打ちを見舞った。フック気味や上からの肘打ちはお目にかかったことはあるが、下からの肘打ちは**「上げ肘当て」**という技で使う人はめずらしかった。

それがブラザーのチンをとらえ、さすがのブラザーも空気を抜いた人形のように、ドサッと崩れ落ちた。

ブラザーの目はうつろで、焦点が定まらない。しばらくして元気を取り戻したブラザーは、鼻血を拭きながら、「今日、下痢で行けません。オーナーに言ってください」と、バンドのリーダーに日本語で言った。

それはＣＩＡ流〝実技テスト〟⁉

実は、バンドの練習が終わったら、ブラザーが彼女をオーナーのところへ連れて行くことになっていたという。おそらくオーナーの言いなりにしようとするのだろう。しかし、ブラザーは血まみれだ。だから、下痢と言って休みにしようというわけだ。用心棒が血まみれでは話にならない。

ブラザーは「これでクビね。また仕事探さなきゃ」と、両手を広げながら言う。

ＣＩＡの彼は、「いや、新しい仕事が見つかったよ。○○という会社に紹介するよ。似たような仕事になるかもしれないけどね」と、ブラザーの肩を叩いた。

東京にはＣＩＡと仲の良い企業がいくつもあって、彼の権限でその中のひとつで雇うというのだ。ブラザーほどの力があれば問題ないという。ブラザーはニッコリし、ビジネスは成立した。

眺めていた私は、まるでこれじゃ入社試験の実技テストじゃないかと思ったものだった。

他国の情報部員といかに渡り合うか

日本には各国の情報部員、その関係者が大勢うごめいているが、西側諸国の、アメリカを頂点とする国々の情報部員たちとは比較的仲がいい。日本も西側のひとつだから、彼らとのつき合いもあって、仲良しだ。公安警察も、突きつめれば情報部だから、当然彼らとのつき合いがある。

とくにアメリカのＣＩＡとは凄くいい関係で、いわばＣＩＡが兄貴でこっちが弟のよう。公安は日米間の情報組織からいえば下部の組織だが、ここで集められた情報が直接彼らに渡ることもある。

ＣＩＡの連中は、いろいろな形をまとって日本で活動している。一般的には、アメリカ大使館に所属していて、その政治部の職員になっている。こんな連中は、私はＣＩＡです、とはっきり名乗ることもある。

こういった横のつながりから個人レベルで親しくなり、さまざまな情報をやり取りすることもあるわけだが、親しいからといって百パーセント信用しているかどうかは別だ。もしかしたら、自分が与えた情報を敵国へ売り渡すという、スパイ行為をするかもしれないからだ。

そのためのリスク管理として、面白い手を使うのだ。

〝家族ぐるみ〟の監視体制とは

アメリカ大使館のＧＳ――ジェネラル・サービスという種別で呼ばれる、ランキングのかなり上位に属する人物と接触し、親しくなったときのことだ。

彼は、「我々はチームを組んで活動しなければならない」と言う。

彼は日本の情報や日本が独自に集めた、たとえば中国、北朝鮮関連の情報が欲しい。我々も、彼らが集めた、中国、北朝鮮関係の情報、さらにアメリカの情報などが欲しい。それにはチームで活動し、結束を高めようというわけだ。

そこで、この関係を強固にするために、**互いの家族を紹介しよう**と言う。

つまり、夫婦揃って食事をしたり、ちょっとした小旅行へ行ったり、パーティなどをして、夫婦単位で仲良くなろうというのである。あまり日本ではなじみのないつき合い方である。日本なら、男の仕事に女房は口を挟まないし、また女房のほうでも夫の仕事に干渉しない。

ところが、アメリカ流は違う。夫婦で密につき合おうというのだ。なぜかというと、これは**一種の保険**なのである。もし、夫が裏切ろうとした場合、その情報を女房から得ることができる。女同士でもつき合うから、互いの夫の情報は筒抜けとなる。ここまで親しくすれば、事実上**互いの監視体制**ができあがり、裏切りづらくなるのである。一種のリスク管理ではあるが、私が学生の頃に住んでいたイギリスなどもこの手を使う。

家族づき合いをするというのは、日本人にはとくに有効な手ではある。日本人は、家族でつき合うとなかなか裏切ることができないからだ。そのあたりは情を大切にする日本人ならではである。よーく研究してるよな。

ここに行けば「スパイ」がいる⁉

どこの国の情報部員もそうだが、一般に**大使館勤務**しているその国の人間は何人《なんびと》も情報部員と言っていい。その国の外務官僚や武官などが大使館にいるが、彼らとて、情報部員的な働きもしているのだ。

問題はビジネスマンの中にいる情報部員だ。これらの連中はなかなかシッポを出さないし、正体がつかみづらい。

ただ、こんな場所に出入りしている、ということは……というアタリはつけられる。

こんな場所というのは、東京のいたるところにある、一般の人がなかなか出入りできない場所だ。

情報部員のたまり場となっている「治外法権のホテル」

たとえば、東京・広尾にある「ニュー山王ホテル」。

ここは米軍の施設で、情報部員にとって米国の情報を知る格好の場所だから、中に入りたいと思うはず。中に入れば、どんな連中が米軍と関係しているのか、その人脈をたどれば、どんなことをやっているのかなど、わかってくる。

このホテルに入るには、パスポートが必要だ。許可された日本人でも入口でパスポートを提示し、それを預ける場合が多い。だから、外国と変わらない。米軍の施設だし、治外法権の場所だ。ここには、日本なら外事警察、外務省並びに省庁のあるクラス以上の連中が来る。外国なら、西側の同盟国の大使館の連中などである。

当然、情報部員のたまり場で、政府系、軍関係など、さまざまな情報部員がにこやかに談笑したり、食事をとっている。まさに、情報部員の社交場なのだ。

だから、ここへ顔を出すということは、その人物がアメリカ人とその友人でない限り、情報部員とかかわりを持っている人物と推測できるのである。

この他、六本木の**「星条旗新聞社」**の社屋に属している宿舎があるが、この建物は情報部員が使っていて、その一帯は米軍基地と同程度のセキュリティーだ。

しかもここにはヘリポートまであり、横田基地、横須賀基地などへひんぱんにヘリコプターが行き来している。かりに、この施設へアメリカ人とその友人以外の人物が出入りしていたとすれば、その人物はとりもなおさず情報に関係していると推測できる。

比較的容易に出入りできるのが、ロシア大使館裏にある**「アメリカンクラブ」**である。一応、民間施設であり、メンバー制ではあるが、メンバーと一緒なら入れるし、パスポートも不要だ。中に入ると、一般のメンバーに交じって007のような連中が談笑している。もちろん英語が飛びかうから、英語に自信のある人はツテを見つけて行ってみるといい。西側の連中が多いが、さまざまな人種がいて、まさに映画の世界に飛び込んだような場所である。

いくつか挙げた施設はメディアでも取り上げられているから、ご存じのムキも多かろうが、この他にも水面下に隠れている施設はまだまだ存在している。

「ハニー・トラップ」はこうして仕掛けられる

国と国との関係は、国際情勢によって大きく左右される。いわゆる冷戦時代では、日本が注意しなければならなかった外国は、ソ連を筆頭に東側の国々だった。それがベルリンの壁崩壊後の冷戦構造がなくなると、いままで監視していた国、たとえばベトナムなどは監視リストから消されている。

近年では、ソ連―ロシアよりも、むしろ**中国が大きなターゲット**になったのではないだろうか。中国は、世界各地に華僑が進出し、独自の中華街を形成している。

こういった中華街が、実は中国情報部員の隠れ家になったりするのだ。もちろん中華街といっても、大陸系と台湾系が入り交じっており、大陸系――つまり中国系の監視のほうに重きを置く。大陸系の中にも反北京政府派と、親北京政府派があり、それらもさまざまな角度から検証、監視されている。

もちろん中国側でも、日本人から情報を入手しようと盛んに動き回っている。中国で最先端の都市といえば上海だが、上海こそ、世界各国の情報部員たちが跋扈《ばっこ》している都市だ。これは上海市そのものの伝統ともいえるかもしれない。二〇〇四年に、上海の日本総領事館に配属されていた外務省の人間が自殺したが、このような情報戦争の犠牲者であろう。

上海の旅行ガイド女性から「あなたの正体、知ってる」

私自身、中国で怪しげな体験もしている。

中国文化ツアーという、中国の史跡を巡る旅に参加したときの出来事だ。三十五人ぐらいの参加で、期間は八日間だった。順繰りに巡って、最後の日が上海だった。ここで一日自由行動し、一泊して翌日帰国するという段取りだ。

その最後の日、出国間際になって我々を案内していたガイドの女性がこんなことを言うではないか。

「あなたの正体、何者なのか知っている」

「ウン？　私の正体？　私は犯罪学者で、講義したり本書いたり、それにマンガの原作を書いているんだよ」

「フフフ、それもあるけど、あなた外事だったんでしょ。中国のスパイ監視してたでしょ？」

「は？　あんた、ガイドじゃないの？」

「ワタシ、あなたと一緒ですよ、フフフ」

つまり、この八日間のツアー中、ずーっと私は監視されていたのである。本当に中国はヤバイ国だ。私は当然のことながらなにもしなかったから、何事も起こらなかったのだろう。

道教の寺・泰山でのエピソード

帰りの飛行機の中で、私は八日間を振り返ってみた。すると、一度だけ思い当たるフシがあった。上海へ入る一日前、道教の道館（寺）がある泰山での出来事だ。

泰山には、七千四百段の石段を登った上に道教の道館がある。

普通の観光客はケーブルカーで行くのだが、体力にいささか自信のある私は徒歩で階段を登ったのだ。これがきつい。途中で何人もの観光客が休憩をとっている。私は健脚自慢だから、休みなく登り続けた。頂上の道館が見えるほどのところへ来たとき、突然、英語で呼びかけられた。

「ちょっと助けてくれませんか」

こんなところで、なぜ英語？　と少々違和感を覚えたが、振り向くと、ひとりの女性が「あちら」と指をさす。そこには、疲れて呼吸を整えている人たちが休んでいた。その中に、ひとりの女性が土気色の顔をして横たわっている。私がそばへ行くと、確かに苦しそうである。

余談だが、私はかつて奈良の大峰山《おおみねさん》で山伏《やまぶし》の修行をして、僧侶の資格もある。その修行のとき、密教の一種で体調の不具合を瞬時に治す方法の訓練を受けており、多少なら使えるのだ。

私は女を座らせ、背中からカツを入れるように「ええーいっ！」と、全身から気合を入れた。すると、土気色だった女性の顔に赤みがさしてきたのだ。

「よし、ＯＫ！」と言って、私はさらに上を目指して登っていった。どうやら、この様子をガイドが見ていたらしい。

夜、ホテルに若い美形の女が現われ……

その日の夜、ホテルの部屋で本を読んでいたら、ノックの音がする。ドアを開けると、若い美形の女がいた。その女はドアに足を挟み、閉められないようにしてから、「おなかの具合が悪いんです。治してくれませんか？　仲間のガイドに聞きました」と、日本語で言う。私が、泰山で気を入れているのを見たガイドがいて、それを聞いてきたのだと言う。

ドアに足をかけているし、おかしいなと思ったが、これも体験だ。**罠かもしれないが、まあ、お手並みを見てみよう**――そんな気持ちで部屋の中に入れた。

ベッドに仰向けに寝てもらい、その上から両手をかざして全身をスキャンするのだ。当然衣服は着たまま。そして、ドアも開けておいた。

「ドアを閉めてください。脱ぎますから」と女は言うが、いや、これは医療行為ではないから脱がなくていいと言って、少し遠めから両手をかざしてスキャンを始めた。下手に近づいてベッドに引き込まれたらかなわない。用心深く、私はスキャンした。

内臓系に特別問題はなかったし、強いていえば便秘気味のようだとわかった。

そこで私は適当に「どうです、効果があったでしょ。これで大丈夫です」と言って、女にお引き取り願った。「お礼を……」と言っていたが、それも丁重に断った。

ハハァ、これか……機内で思い出し、やっぱりあれはトラップだったのだと納得した。ちょっとでもスケベ心を起こしたら、たぶんあの部屋にカメラが仕込まれていて、私のとんでもない格好を撮られたに違いない。それは十分**強請**《ゆすり》**のネタ**になる。

甘いものには毒が仕込まれているものだ。世の中、うまい話が向こうからやって来ることなんてない。

よかったよかったと、ひとり胸をなで下ろしたのだが、それにしても……あの女はいい女だったなぁ、スラリとして、適当にくびれていて……。

日本に戻る間、私はずっと煩悩に苦しめられた。こんな私でも、僧侶の資格は間違いなくあるのだ。

5章

今日も「珍事件」発生中！

眠れないほど面白い警察24時

大使館職員を落としたすご腕の金髪女スパイ

平和天国の日本にスパイがゴロゴロいると言ったら、驚くだろうか?

実際、日本のような国はスパイにとって天国なのだ。なぜかと言えば、まず第一に、国民の思考の中にスパイという概念がないからだ。隣人がスパイかもしれないなど、きっとあなたも思ったことはないだろう。

さらに、スパイに対する防諜システムが諸外国に比べて日本は劣っている。近年、少しずつ改善されているが、まだまだスパイは大手を振って街中を歩いている。

もっとも、スパイらしいといっても、日本の法律に触れない限り逮捕はできない。外国人同士が情報を交換していたとしても、日本に無関係なら、たとえそれがスパイ行為であっても挙げることはできない。

だからといって、公安警察は指をくわえて見ているわけではない。いつ何時、そのスパイと目される人物が日本の情報をかっさらうかわからないから、監視だけはしているのである。

六本木に住む金髪美女は、ある寒い国のスパイと言われていた。当然その行動は監視される。だいたい**女スパイというものは、古今東西間違いなく、肉体を武器に情報を引き出すのが仕事**で、美形であればあるほど仕事がしやすい。

ある外国人男性がこの女性と食事をともにした。この女性にとって食事をともにするというのは、ベッドインもOKというサインだ。

当然監視している公安もふたりの後をつけていく。案の定、ホテルに入る。そして、出てくるまで入口で監視するのである。ふたりが出たら、すぐさまそのホテルの支配人に使った部屋を封鎖するように依頼する。ここで、さまざまなことがわかるのである。

セックスすれば、その痕跡が残る。そこから、指紋やDNAを調べたり、毛髪から血液型やいろいろな病気など、導き出して資料にするわけだ。

外国人二等書記官がみせた驚異の絶倫ぶり

ある日、彼女は違う外国人男性とホテルにしけ込んだ。写真で調べてみると、その男はとある国の二等書記官。これは完全に情報引き出しだ。

例によって朝帰りの後、部屋を封鎖して痕跡チェック。するとゴミ箱にコンドームが三つ捨てられていた。つまり三回セックスしたわけだ。ところが、ひとつはカラのコンドームだった。痕跡がない。「なんだ、これ？」——つまり射精していないのである。もう、出がらしも出ない状態か……。

私たちは室内捜索を担当したが、当然、女にも男にも尾行はついている。連絡によると、女も男も自宅のマンションへ直行したという。尾行班は次の動きに備えてマンションの近くで張り込みに入った。

二、三時間後、男に動きが出た。車で出かけ、バイパス沿いの喫茶店へ入ったのだ。そこに、日本人の女がいた。男はその女を乗せてラブホテルへ直行。もちろん女の使ったコーヒーカップを回収して指紋から身元を割り出す。

数時間でその男女はホテルから出てきた。その前に応援の班が来ていたので、車を追跡させる。そして再び、部屋を封鎖して内部を調べた。すると、今度はコンドームがふたつ。しかもいずれもカラだ。

貝原益軒《かいばらえきけん》流の「接して漏らさず」なのだろうか。

二等書記官はマンションへ戻ったという連絡が入った。張り込みは継続だ。

私たちも男のマンション近くの張り込み現場へ合流した。

すると三時すぎに男は車で動き出した。「今度は誰かいな?」と、捜査員のひとりが軽口を叩き、みんなつられて笑った。「元気でいいよなぁ」とは、いちばん年かさの刑事だ。

男はとあるマンション前で中から出てきた水商売風の女を乗せ、再びホテルへ直行だ。なんとも元気な野郎である。

もちろんその部屋もチェックしたが、コンドームがふたつ出た。痕跡ありとカラのふたつだ。どっちが先なのかわからないが、接して漏らさなかった前回に比べて、一発漏らしているわけだから、これが昨日今日の打ち止めなのか。

帰りの車の中ではその話で持ちきりになった。実際、二十四時間の間に都合七回接して、漏らしたのは三回。

その男の年齢は三十七歳だから、頑張ればなんとかなる回数かもしれないが、移動することを考えたら、とてもやる気が起こらない。とんでもない絶倫ぶりに一同あきれたものだった。

もっとも、もしその男もスパイなら立派な武器を持っていることになる。自在に射精をコントロールできるその男、まさに**007もびっくりの絶倫男**である。

その方法だけでも知りたかったのだが。

「オレは法律を知らない警官だ！」

警官時代、**DV（ドメスティック・バイオレンス＝家庭内暴力）の夫を逮捕した**ことがあった。夫が妻に暴力を振るうというのは、決して新しいことではなく、夫婦という形態ができた大昔からの産物らしい。

東京下町の隅田川沿いに、木造モルタルに毛が生えたようなマンションがあった。このマンションの一室で女が、ほぼ毎日夫から殴られていた。離婚歴がある三十歳を少しすぎた女で、このふたりは籍を入れておらず、いわゆる内縁関係にあった。

女は毎日、仕事に行く。ところが男は仕事をしていない。まあ、ヒモのような生活をしていた。気が向けばパチンコ屋に顔を出し、日がな一日遊んでいる。ときには、昼から酒を飲む。これを女がなじると、男は暴力を振るう。

この暴力が隣近所では評判になっていて、はじめは止める人もいたのだが、いまや誰も仲裁に入らない。女に同情する人はいても、「人の家のことに口出しするな」という男の脅しに腰が引けてしまう。そんなこんなで、ある日、見かねた近所の人が交番へ通報してきた。

法律だけでは市民を守れない。だから――

班長と私は、とりあえず現場へ急いだ。問題の部屋の前に立つと、室内からガシャーンという音が聞こえた。男がなにかを怒鳴っている。平手打ちの音もする。呼び鈴を押したが、反応はない。私はノックをしながら言った。

「○○さーん、どうしました。警察です。ドアを開けてください」

何度か繰り返すと、ドアが開き、髪を乱した女が顔を出した。左の頬が赤く腫れ、口の端から血も出ている。

「なんでもありません……」

と女。しかし、顔には助けてくださいと書いてある。

「ちょっと入ってもいいですか？」

と私は聞いた。

この場合これは基本で、とりあえず相手の許しをもらわないと、令状がない限り入室はできない。ただし、相手がOKと言わずとも、尋常ならざる悲鳴などを耳にした場合は、堂々と入室できる。これは警察官職務執行法第五条に書いてある。

「ええ……まあ、その、いい……はい」

女はか細い声で答える。本当は、お願い、入ってください、助けてくださいと言いたいところだが、後で男になにをされるかわからない。曖昧《あいまい》な返答になるのも無理はない。

しかし、私ははっきりと言った。

「はい、いいんですね。入りますよ」

部屋の中は雑然としていて、いま争った跡が見て取れる。

「班長、どうします？」

すると班長は、

「血を流しているし、これは暴行の現行犯だな」

と言う。

「でも夫婦間ですよね」

と私は班長に出番をつくって言ってあげた。

「関係ないだろ。引っ張っていって、話を聞こう」

中央にどっかと座って、我々のやり取りを聞いていた男が言った。

「これは家庭内のことだ。お前らに関係ないだろ。これは民事だぞ」

男は、どうだ、とっとと帰れといわんばかりの顔をしている。

(この野郎、少しばかり法律を知っていると思ってでかい顔をしているな)

私はむかっときた、そして言ってやった。

「オレは全然、法律わからねぇんだよ」

そう言って、座っている男を引き揚げようとした。座りながら男は言う。

「なに？　お前、警官のくせに、法律知らねぇのか？」

「知らねぇんだよ、オレは。落ちこぼれだからさ、警察学校の」

男の手を後ろ手にして、外へ連れ出した。こういうときは、柔術がよく効く。

するとマンションの下に集まっていた住人たちから拍手があがった。「よくやった」という声も飛んで、私は天職をまっとうしている、という気分になった。

近所の人たちも、この男の所業には、よほど腹を据えかねていたのだろう、呼んだパトカーに押し込められ、発車した後も拍手は続いていた。

交番では、班長とふたりでかなり仕置いた。途中トイレに行きたいと言うが、それも許さなかった。ときには私の得意技の「椅子蹴り」も炸裂した。これは、椅子の脚を蹴って、罵声を浴びせまくって、座っている男を床に転がすのだ。

本来、こんな行為は許されることではない。しかし、班長は警察を辞める間際だったので、オレがかぶるからと見て見ぬフリをしてくれたのだ。住民に嫌われ、か弱い女を殴り続ける男には、お仕置きが必要だったのである。

後日聞いたところ、しばらくしてそのふたりは別れたという。正解そのものだ。

敵と味方との許されない「裏」のつながり

警官も人の子、カスミを食って生きているわけではないので、やっぱり生活には金がかかる。冠婚葬祭のつき合いから、住宅、自動車、突然の出費など、普通のサラリーマン家庭とまったく同じだ。いや、それよりも、もっとひどい。

そんなときのために、「警信」と略される**警視庁信用組合**なるものがある。戦後創設された職員のための金融機関だが、利用できるのは、警視庁職員、警察庁職員など、さらにそれらの外郭団体並びにその職員たちからなる組合員だ。

なぜこういう仕組みがつくられたかというと、国や住民の安全を守る警察官が、金銭的なつながりを他の金融機関と持たないためでもある。独立して捜査する権限を与えられている警察が、どこか他の機関と金の貸し借りがあれば、痛くもない腹を探られることになる。だから、必要とあらば金を融資するわけである。公務員の職域信用組合と基本的な考え方は一緒である。ちなみに、私はOB団体所属だが、現在でも警信の組合員だ。

優秀な警官は、なぜ〝一線〟を越えたのか

命の次に大事なものといわれるお金だが、この**お金で人生を売ってしまった地方警察の警官**がいた。

その彼は、暴力団担当の刑事、通称・マルビー、あるいはマル暴の大変優秀な警官だった。外見はインテリ風で、マル暴のデカには見えない。頭も切れるし、捜査の勘もいいバリバリのやり手。しかしひとつだけ欠点があった。ギャンブルと女が好きだったのである。

正直言って、警察官の給料は安い。家庭を持っていたら、ギャンブルや女に金を使うなど、とんでもないことだ。居酒屋でささやかに一杯というのが限度だ。

彼は、資金調達のために警信から二百万円借りて遊興費に使用した。毎月の給料か

ら少しずつ返すというやり方だ。

実は、警官が警信から金を借りているのは、案外上のほうには筒抜けになっている。これも内部の安全保持の一環で、大金を借りたり、しょっちゅう金を借りる、借りた金が焦げつくなどを上はチェックしている。そして、それが人事考課に跳ね返ってくる場合もある。同時に、彼らがサラ金から借りていないかなど、サラ金に対してもチェックを入れる。

だから、本当に必要なこと以外、たとえば、教育資金、住宅資金など、誰が見ても必要だとわかる金以外借りないようにするのが普通の警官なのだ。

〝内部情報〟を売った見返りは

件の男は二百万円借りたものの、いつまでも保《も》つわけがない。しかしこれ以上借りたら、上がチェックを入れてくるのは目に見えている。

そこで彼は、**見えない金**を調達したのである。

見えない金――それは**暴力団の金**である。

仕事柄、彼はいくつかの暴力団とつながりがあった。このつながりは情報収集のためで、多くのマル暴刑事は、そのような情報源を持つ。相手に取り込まれない限り、有力な情報源だし、顔も利くようになる。

ある親分に、彼は借金を申し込んだ。頼まれたほうも無碍《むげ》にはしない。いいですよ、いくらです？　と、むしろ積極的に貸す。彼の実力を知っていたからで、昨日今日出入りしはじめた刑事とは格が違う。

まさにここが、刑事と、刑事の格好をしているがとんでもないヤツとの境目なのだ。刑事にはそんな誘惑も多いのだが、それをはねつけてこそ刑事といえる。彼はその境目を渡ってしまった。一度渡ると、もう戻れないことを承知で。

こうして彼は、**その組にとって必要な捜査情報を渡す**ようになった。組への手入れ時期、縄張りへの手入れ情報……などである。

こういった暴力団の多くは、性風俗の店を仕切っている。情報があれば、未成年の従業員や、不法滞在の外国人を店に出さない。そうすれば、店をつぶされることもない。いまやこの手の情報は暴力団がもっとも欲しい情報なのだ。

あるとき、その暴力団に銃刀法違反のたれ込みがあった。信用できる筋からの情報だったので、即座に踏み込んだのだが、なにも出てこない。直前、どこかへ動かしたに違いなかった。しかし現物が出てこない限り、警察はなにもできない。

その後、風俗店の手入れなどいくつかの手入れが続いたのだが、いつもセーフだったのはその暴力団が仕切っている店だった。さすがに上層部はおかしいと思いだした。

誰か内通者がいる、というわけだ。

しかし、それが誰だかわからない。とにかく、直前のたれ込みですぐに動いても、なにも出てこないのである。

それは〝敵対勢力のタレコミ〟で明るみに出る

真相は意外なところから発覚した。彼が金を借りていた組とは敵対関係にある組織の構成員が、警察にチクったのだ。別件で逮捕されたその構成員は、取調べの刑事への「みやげ」として、あっさり内通者の名前を明かした。

刑事と暴力団との許されない裏のつながりは、このような外部の敵対組織や、組織内部の反対勢力の関係者などのたれ込みで明るみに出ることがほとんどだ。

こうして結局その刑事は退職することになった。

本来警察を辞めるとOB組織に入れるものだが、過去の行状がそれをはばんだ。OB組織にいれば、ときとして先輩が就職の面倒を見てくれるし、外郭団体へ横滑りすることもある。ただしこれは、まともにやって退職した場合だけだ。彼はそんなツテも、つながりもいっさい失ってしまった。

結局彼が行くところは、暴力団ということになる。警察の内部も熟知しているし、組のほうでも重宝がられる。力量のある男だったから、すぐに準幹部になったという。

しかし、読者は勘違いしないでもらいたい。警察は決して暴力団の準幹部養成学校ではないのだから――。

「刑務所行き」を志願する男

何人もの悪いヤツらをお縄にしたが、**つい同情したくなる犯罪者**もいる。その男は、無銭飲食で挙げられた。四十代後半の、どうにもしょぼくれたヤツだった。

二十代後半で横領事件、三十代で詐欺事件……と、刑務所とシャバを行ったり来たりしていたヤツだが、四十代後半になって、再びシャバへ出てきたのだ。いわゆる、仮釈放である。

シャバへ出てきたといっても、とくに行くアテはない。刑務所で働いて得たいくばくかの金をフトコロに、公園でその日を過ごそうと思っていた。ベンチで寝ていると、悪ガキどもに取り囲まれた。いわゆる、オヤジ狩りである。ボコボコにされて、あり金全部取られ、スッカラカンになってしまった。

一日、二日は公園で水を飲んで過ごしたが、どうにも腹が減ってしょうがない。近くの定食屋へ入って空腹を満たし、「すみません、金持っていません」と、お縄になったのである。

つい同情した悲しい犯罪者

その男、**早く刑務所へ入れてくれ**、と言う。私は、

「出てきたばかりなのに、またまずい飯を食わなきゃならないんだぞ」

と言ったのだが、

「ええ、その飯がいいんで……」

と、安心したような顔をする。

「働くところもないし、刑務所にいたほうが楽なんで……」

などと、刑務所に行きたくてしょうがないのだ。

若いうちに人生を踏み外し、正規の軌道に戻れなくなった連中は大勢いるが、シャ

バと刑務所を何度も往復していると、もはや、**シャバには居場所がなくなってしまう**のだ。

つまり、仕事をする場所がない。どんなに安くても仕事さえあればなんとか生活できるのだが、そんな仕事も外国人たちに奪われている現状がある。かといってホームレスをしていく気力もない。妙な掟《おきて》もあって、集団になじめない。

オレたちに居場所はない――そう思うと、刑務所が懐かしくなるのだという。三食ついていて、仕事もある。本も読めるし、テレビもある。具合が悪くなれば、すぐに医者が診てくれる。刑務所こそ、最高の生活環境じゃないか。

で、どうすればいいか。いちばん簡単な犯罪、それが無銭飲食なのである。

こういったしょぼくれたオヤジが**軽微な罪を犯して、刑務所行きを志願**する。

どこかでボタンを掛け違えてしまった人生なのだが、こういうヤツには、ちょっぴり同情してしまうのだ。

今日もたれ込まれる「不良外国人」たち

日本においては、特別な職業以外、**けん銃所持が一切禁止**されている。銃砲刀剣類所持等取締法、いわゆる**銃刀法**という法律があるからだ。

この中には、刀剣類、ナイフ類も入っており、刃渡りが十五センチ以上の刀剣、なぎなたなどが所持を制限され、刃渡り五・五センチ以上の飛び出しナイフも所持禁止だ。

この法律で許されているものは、美術品や骨董品などの刀剣類、古式鉄砲（火縄銃）などだが、それも届けて許可を得なければならない。猟銃なども免許が必要だ。たとえ父の形見といっても、無免許で猟銃を所持することはできない。

日本の治安が諸外国に比べて安定しているのは、この法律の効果が大きいと思っている。だから警察も、けん銃や刀剣に対しては必要以上に目を光らせる。罰則も細かく決めており、使う目的があろうとなかろうと、ひとたび**無免許でけん銃を所持すれば手が後ろに回る**のだ。

たれ込み情報で多いのは、これらけん銃の不法所持である。その多くが暴力団やヤクザがらみだが、ときには、いわゆる不良外国人がたれ込まれる。

「ここにはいつでも撃てるものが入ってるんだ」

原宿にフランス人でカフェを経営していたJという男がいた。日本人の妻と子どもの三人暮らしだが、この男が不良外国人だったのである。店に来る日本人の女の客へ巧妙に酒をすすめ、酔いつぶして、閉店後店でやってしまうという手口だ。これまで何人もの女の子が餌食となっていた。

ところが、いつものやり口でやった後、その女が妊娠してしまったのである。女からすれば、そのときのことで妊娠したとの確証がある。男の友人など何人かでその店に押しかけ、閉店後、路上でフランス人と口論になった。

友人のひとりの男が、ふざけんな、とばかり殴りかかったが、Jはもともと空手を習いに日本へ来た経緯があり、うまくパンチをよけられてしまう。逆に平手打ちなどを食らって、友人は、倒れた。それでも立ち上がり、Jの腰へ組みついた。しかし、Jは怪力で友人を締め上げ、歩道に転がされてしまった。

オートバイで家と店を往復しているJは、道に転がっている友人や女たちをそのままに、オートバイにまたがった。そして、捨てゼリフのようにうまい日本語で言った。

「いつまでもガタガタ言ってんじゃねぇ。ここにいつでも撃てるものが入ってるんだ」

そう言って、右のズボンのポケットあたりを手でポンポンと叩いた。そして、アクセルを踏み、行ってしまった。

道に転がされた男はおさまらない。

「きっとあいつは、ポケットにけん銃を隠し持っているに違いない。もうこうなったら警察へ行こう」

〝お手柄〟のはずが、出てきたものは——

こうして彼らは、傷害罪とけん銃不法所持の疑いで警察へ訴えた。警察が注目したのは、あくまでけん銃のほうだった。なぜなら、けん銃一丁でも挙げれば、それは表彰ものだからだ。捜査員も張り切る。

翌日、捜査班は二手に分かれ、ひとつはＪの家、もうひとつは店を、それぞれ家宅捜査した。

しかし、家からも店からも、ヤバイ品物ひとつ出てこない。もうこうなったら、Ｊを任意同行で署へ引っ張ってくるしかない。

夕方、張り込んでいた刑事がＪの身柄を確保し、傷害罪で任意同行を求めた。Ｊの玄関先で身体チェックをする。右ポケットに確かに硬いものが入っている。捜査員が目配せをすると、Ｊはふたりの警官に両腕を押さえつけられた。捜査員は言った。

「いいですか、いまから右のポケットの中にあるものを取り出しますよ」

そういって、誇らしげな顔をしながらポケットに手を入れた。確かに硬い丸く長いものが手に触れた。それを握りしめ、捜査員はポケットの外に……。

しかし出てきたものは、まったく意外なものだった。

「あ、こ、これは……」

捜査員が握っていたものは、電気カミソリだった。

これが、けん銃の正体？　捜査員たちの力は一気に抜けた。

後で聞いたところ、Jはヒゲが濃く、一日に数回ヒゲを剃るらしい。それには電気カミソリが便利で、仕事中でも剃れるからいつもポケットに入れていたのだという。

結局のところ、Jは妊娠させた女にいくばくかの金を払って和解し、傷害も和解して金で済ませた。

がっくり来たのは、けん銃を挙げると意気込んだ捜査員たち。

とんでもない早とちりだったのだが、警察のけん銃に対する意気込みが如実に表われたエピソードではある。

警察のおかげで「命拾い」したチンピラ物語

ヤクザに憧れ、暴力団に身を置きたいという若者は後を絶たない。ただ、憧れだけでは、どんな社会でも挫折する。我々警官を悩ませるのが、**挫折して、組からトンズラしたチンピラ**である。

心を入れ替えて、まともな暮らしを始めればいいのだが、そうできないチンピラが一般庶民に危害を加える。

これから述べる事件で捕まった男も、組からトンズラした男のひとりだ。年齢は三十代後半だが、下積みが長く、その社会に染まっていたのか、見てくれはどの角度から見てもヤクザにしか見えない。

学生を〝いいカモ〟にする手口

男の手口は簡単だ。道ですれ違った人に難癖をつけて金をゆする。いわゆる**カツアゲ**である。ちょっと変わっているのは、必ず歩道橋の上でカツアゲすること。なぜ歩道橋かというと、逃げ場が少ないこと、そんなに人通りがないこと、そして、逃げるのに都合がいいからだった。

たとえば、歩道橋の中央あたりでターゲットにからむ。理由はなんでもいい。ときにはわざとぶつかることもある。そして、脅す。

どう見てもヤクザとしか見えない風体だから、学生がいいカモにされていた。金をせびりながら、被害者が行こうとしていた歩道橋の端のほうまで一緒に行く。そこで金をいくばくか受け取ると、被害者を階段下へ追いやる。すぐに男は反対側へ走り、道路の向こう側でタクシーを拾って行ってしまう。

階段下に降りた被害者は、向こう側から反対車線で行ってしまう男を見送るだけになる。偶然警官が通りかかったとしても、向こう側なので追いかけるわけにいかない。歩道橋を走っているうちにタクシーでドロンである。

“任意同行”で明らかになったその手口

歩道橋でカツアゲを食らったという事件がひんぱんに起こり、被害者の言葉を聞くと、あるときは、○○会の者、またあるときは、××組の者と、カツアゲされた地域のヤクザ組織の名前を出していることがわかった。はじめは別人の仕業かと思われたが、手口といい、風体といい、関西訛《なま》りといい、これは同一犯に間違いない。

男が口にした暴力団にも探りを入れたが、そんな男はいない。かなりの件数になったので、大がかりな捜査線をしいたが、それにも引っかからなかった。

そこで、東京の地図に事件が起こった場所を記入した。すると、東京駅を中心に事件が起こっていることがわかったのだ。わざわざ新幹線に乗ってカツアゲ上京しているのかどうか、東京駅で、それらしき人物をあたることになった。

東京駅に住居をかまえているわけはないから、電車で来る、あるいは、駅にあるサウナにいるかどっちかである。

私たちは、そのサウナに目星をつけた。出入り口は一カ所だから、張り込んでいれば出入りはチェックできる。すると、被害者が口にした風体とピッタリな男がのこのこ出てきた。確かにヤクザとしか見えないではないか。

そこで、その男をニンドウ（任意同行）で署まで連れてきた。男はあっさり犯行を認め、この事件は解決したのである。

男は関西の大組織の傘下の小さな組に長くいたが、いつまでたっても下っ端扱いに嫌気がさして組をトンズラ、東京へ出てきたものの仕事にありつけない。そこでカツアゲをやって、その日暮らしをしていたのだという。

しかし考えてみれば、この男、警察に捕まってよかったといえるだろう。○○会、××組などの名前を勝手に使ったわけだから、もし万が一、それらの**暴力団に捕まったら大変な目に遭う**からである。命がいくつあっても足りないかもしれない。

警察に捕まることで、この男は命拾いをしたのである。

6章

おまわりさんも、人の子です！

制服の下の意外すぎる素顔

警察官も詐欺に遭う!?

警察官がみんな注意深く、人間観察眼にすぐれている人物とはかぎらない。中には騙されやすく、**絵に描いたような人のいいオマワリサンもいる**。

彼はFという、福岡県出身の巡査だ。おっとりしていて、いかにも人のよさそうな垂れ下がった太い眉毛をしている。目は象のように小さく、人なつこい印象を与える。中肉中背で、威圧感はあまりない。

Fは、その外見どおり、とてもやさしく純情な男だ。人の言うことを百パーセント信用してしまうという、あまり警官にふさわしくない性格を持っている。

こんな男が交番に立つと、さて、どんなことが起こるのか——。

ある日、Fの交番へひとりの男がやって来た。これから故郷へ帰るのだが、財布を落としてしまって切符が買えない、なんとかしてほしいと言う。

交番でお金を借りたことのある人なら知っていると思うが、交通費がないので……と来る人に対しては、その必要な金額を貸してくれる。

その際、住所氏名を聞かれ、お金と一緒に**「公衆接遇弁償費返済書」**を渡される。お金を返すときは、この紙と一緒に返す。たとえば東京の場合、都内ならどこの警察署でも交番でも受けつけてくれる。

交番に来た〝同郷〟の男に交通費二万円を貸す

Ｆは男に尋ねた。

「どうしたんですか？」

「財布を落としてしまって……。今日中に博多まで帰らないと困るんです。なんとか、交通費を貸してくれませんか」

と、この男、実際は博多弁で喋った。Ｆは、〈訛り懐かし……〉の状態に陥った。同じクニの出身か、そりゃ大変だ。気持ちも一気にこの男に同化した。

「いくらかかるんですか？」

と、博多弁。

「二万円あればなんとか……絶対に返しますので」

と、博多弁が返る。

もちろんこの金額、「公衆接遇費」じゃまかないきれない額だ。

公衆接遇費というのは、地域住民と良好な関係を保持するために使う金で、交通費が足りないなどで交番へ訪れる人に貸し与えるもの。とても二万円など貸せるわけがない。

しかし、Fは、

「大変だなぁ。なんとかしましょう」

と博多弁で言いながら、自らのポケットマネーをその男に貸したのだ。

班長は、よしたほうがいいぞ、とFの背中を叩いたが、その手を振り払う。男は、何度も何度も頭を下げて駅のほうへ歩いて行った。久しぶりに故郷の言葉で会話したFは、多少上気して、そのあともなかなか標準語に戻らなかった。

交番に次々現われる詐欺師たち

班長は、Ｆに向かって言った。

「あまり大金は貸さないほうがいいぞ。戻るかどうかわからないじゃないか」

するとＦはきっぱりした口調で、

「困っているんですから、仕方ありません。クニの人間に悪い人はいませんから。返してくれますよ」

と胸を張って答えた。

数週間たって、またひとりの男が同じように交通費の無心にやって来た。この男も福岡出身だという。会話を小耳に挟んだ班長はＦを奥に引き入れて、男に聞こえないような小さな声でささやいた。

「前の、まだ返してもらっていないんだろ。今度はやめておけよ」

Ｆは口を一文字に結び、クビを横に振った。

結局Fはその男にも金を貸した。

その後、ちょくちょくFの同県人と称するいろいろな男がやって来るようになった。班長は、Fをはずし、自らが応対するようにした。そして、いつしかFの同県人と称する男たちはプッツリ来なくなった。

あとでわかったことだが、この**「寸借詐欺」**は詐欺仲間の間で有名な話になっており、「金がなくなったらFのところへ行け」が合言葉になっていたという。

以後、Fのアダ名は「博多ッ子純情」。

はっきり言えば、毛ほどの疑いを持たない単純バカだが、ある意味で警察に染まらない凄い男ともいえる〝いいやつ〟だった。

その後Fは、交番勤務から所轄のデカを経て、第二機動捜査隊へ移っていると聞いた。

その機捜隊というところで頑張っているそうだが、デカになってしまったから、いまだに純情かどうかは定かではない。

「交際＝結婚」⁉　警察官の恋愛事情

警察も他の省庁や会社と同じように女性もいる。だから、オフィスで男女がつき合うのは自然な形なのだが、こと警察に限っては、一般社会と常識が違う。なにが違うかといえば、つき合って深い仲になったら、**「結婚しなければならなくなる」**ことが違う。

一般企業で社員同士が恋愛感情を持ち、そこそこ深い仲になった。でもなかなか結婚せず、結局長い春に終止符を打つ――こんなことは、当たり前のことのように起こっているはず。一度は燃えたふたりでも、途中で秋風が吹くことはよくあることだし、別れるというのは、特別に珍しいことでもなんでもない。

だが、警察ではそうはいかない。つき合ったら最後、「結婚しなければならない」

のだ。これはもはや「掟」に近い。

なぜこんなことになったかと言えば、やはり評判を気にするからだ。人の口に戸は立てられないというように、うわさ話はどんどん大きくなっていく。これも警察にとっては不祥事の部類なのである。

たとえば、大恋愛した警官のカップルが結局別れてしまったとなると、人はなにを言い出すかわからない。市民の安全を守る警察が署内で色恋ざたとは何事かと、とんでもない議論にすり替わってしまう。

だから、何事も安全第一。どうせ一度はくっついたのだから、そのふたりを強引に夫婦にしちゃえ、というわけだ。

署内の〝色恋ざた〟はどうチェックされるのか

警察にはさまざまな掟があるが、その中でも色恋ざたは厳しいチェックを受ける。「恋は盲目」とはよく言ったもので、恋の泥沼にはまれば、なにをしでかすかわからない。

信用第一の警察では、このような男と女のドロドロから起こるつまらない事件を恐れる。そのために、男女のつき合いにはことさら気を使うのである。

署内で互いに気が合った、一度デートしようということになると、ふたりは自由にデートを楽しむが、実は警察内部で密かにチェックされている。

上司が、どうもあのふたりは仲がいいぞ、つき合っているのかなと思うと、情報部に探りを入れさせるのだ。警察官の立場によっては、**公安の尾行つきでデートすること**だってあり得る。

もろもろの報告を受けて、ある程度親密になっていて、ふたりとも真剣なのだとわかったら、上司はそいつを呼び出し、「○○クンとそろそろ一緒になったらどうだ」と切り出す。

署内には仲人大好きオヤジがいて、喜んでふたりをくっつける。

こうして誕生するカップルは案外多いのだ。

「つき合う女を選べ」は徹底指導

警察内部でつき合うときは結婚を覚悟しなければならないが、その他の場合でも、「つき合う女を選べ」ということは徹底される。

どういうことかというと、「女がどんな世界の人間かを知ってからつき合いなさい」ということ。つき合ってみたら、親が組の関係者だった、兄貴がヤクザだったでは、ちょっとマズイ。あくまで〝まともな一般人〟から選べということだ。

むろん、身内に前（前科）がある場合は、その後正業に就いていれば問題はない。相手に何か問題があると上司にわかったときには……もちろん、あの手この手で別れさせられるか、警察を去ることになるだろう。

警察官の上司に「家に呼ばれる」——その意味は？

上司に呼ばれて家に行ったら娘が出てきた——これはよくある話で、自分が見込んだ部下を娘とめあわせようとするたくらみなのである。

むろん、部下なら誰でもいいというわけじゃない。たぶんこの男ならまともに昇進していくだろうと見込んだヤツを選ぶ。もちろん事前に公安に頼み、ある程度の身辺は調査され、女とつき合っていないかどうかも調べ上げられている。だから、よほどの不細工な娘でない限り、ほとんどが一緒になる。

しかし、上司に呼ばれて家に行った男が、とんでもないことをしたこともあった。「脱糞事件」として語り継がれている出来事である。

廊下で我慢しきれず「脱●」事件

その彼、Tは、その日の夕方からおなかの調子を崩していた。

上司は警部補。Tは家へ着くなり、まずビールをひと息に飲まされた。上司の娘のお酌で、ピッチが速まった。はじめは緊張していたが、飲むほどに緊張もほぐれ、いつもの豪快な飲みっぷり、食べっぷりで上司を喜ばせた。ふと我に返ると、おなかがゴロゴロ鳴っている。下っ腹が張ってきて、急激に便意を催したのである。

「すみません、トイレを、トイレを拝借します」

そう言ってTは、襖《ふすま》を開けて居間を出、廊下へ。

ところが、廊下の途中で我慢しきれなかったのか、下っ腹でゴロゴロ鳴っていたものをすべてぶちまけたのだ。

それは凄惨な場面だったという。Tの尻は言うにおよばず、ズボンの両足から怪しげな色をした液状のものが泥水のごとく噴き出て、廊下に広がった。Tは両足を少し開いた状態で立ちつくした。

何事かと居間から飛び出した上司と娘、そして奥方は言葉を忘れた。しかし、強烈なニオイが襲い、思わず三人は鼻をつまむ。

「もらしたのか！」

最初に上司の発した言葉がこれだった。

そのあとはてんやわんやだったが、Tは風呂に入り、全身を洗い流した。そのあとは「現場」を一生懸命雑巾がけしたという。タオルは何枚使ったのかわからないが、それらは全部ゴミ箱行きだ。

Tは、上司の下着からズボン、シャツまで借り、青い顔をして寮に戻ってきた。上司の家では二週間ばかり、廊下からニオイが漂ったという。

ところが、そんなふたりがめでたく結婚をした。Tが帰った後、上司は、「とんでもない野郎だ」と怒ったが、娘のほうはさにあらず、一生懸命雑巾がけしてくれた、とても真面目な人という評価だったのである。

まさに、絵に描いたような、美しいクサイ仲の夫婦誕生物語である。

警察官とピンサロ嬢が合コン!?

警察の中にはさまざまな豪傑《ごうけつ》がいる。柔道、空手、そして、剣道――これらの達人がいるし、大酒飲みから大飯食らいまで、まさに**「びっくり人間の集合体」**が警察だ。

中でも驚いたヤツがいた。通称「ピンサロの帝王」。もらった給料はすべてピンサロに叩き込む。おまけに一日五回マスターベーションをする。歩くセックス・マシンのようなヤツなのだ。

飯もよく食らう。それも、牡蠣《かき》が好き、ゴボウが好き、酒のつまみにピーナッツを欠かさない。このすべてに「亜鉛」が含まれている。亜鉛は精子をつくるのに欠かせない養分だから、まさに精子をがんがんつくり、せっせと放出しているのである。

そいつが、ピンサロ嬢と合コンしようと言い出した。とにかく給料を全部吐き出してピンサロへ通うのだから、ピンサロでは下にも置かない上客だし、性格がさっぱりしているから、ピンサロ嬢の受けもいい。

もちろん警察官とわかっているから、従業員女性も「ウチはこういう人も来るのよ」とひたいにマルをつくってみせることもあった。ミカジメ料は発生しているだろうが、警官が来るおかげでその店におかしな客は寄りつかない。金を払って用心棒をやっているようなものだ。

その話を聞いたとき、こりゃ楽しみと思った。合コンがけっこう好きだった私だが、ピンサロ嬢という色事最前線の女たちとは、合コンの経験はないし、私自身、ピンサロ好きでもなかったからだ。新しい体験というわけだ。

ピンサロ嬢とは、いったいどんな連中なのだろう？　私の好奇心は強まったが、相手が警官ばかりで、楽しい会話が成り立つのかなという疑問もあった。

彼女たちを次々に泣かせた「ひと言」

合コンは互いに十人ずつという大がかりなものになった。知り合いのレストランの一室を借り切り、合コンは始まった。

まず「帝王」が、今日は楽しくやりましょう、などと挨拶して、ビールで乾杯。帝王を除いた九人は、新種の動物を見るような目をしている。

相手のピンサロ嬢も、自分たちを観察するような目で見る我々の視線を感じてか、静かにビールを口に運んでいる。

警官とピンサロ嬢——なかなかつくろうにもつくれない組み合わせの合コンだが、雰囲気はお通夜のようになった。会話が二、三飛び交い、静かになる。また少し会話があって静かに……。なんだかお通夜のほうが賑やかな感じがしてきた。

突然、ひとりのピンサロ嬢が口を開いた。

「もっと騒ごうよ。こんな静かなのつまんない。バンバン飲んで、バンバン食べようよ。支払いは私たちが持つから気にしないで。だから、飲もうよ」

その言葉に私が反応した。

「おいおい、支払いは私たちちって、それじゃオレたちのプライドが許さねぇよ」

正直言って、彼女たちのほうが高いお金をもらっているかもしれないが、金を出してもらう気などなかった。

ピンサロ嬢は言う。

「なに言ってんの！　私らピンサロだよ」

さらに私が返した。

「ピンサロ？　どんな高給取りだろうがお互いタダの人間じゃないか、男女というだけで同じ人間だよ」

そう言うと、そのピンサロ嬢が突然泣き出した。それにつられたのか、ひとり泣き、ふたり泣きして、**ピンサロ嬢全員が泣き出してしまった。**

取り立ててひどいことも、名言も言ったわけでもないのに、なぜ泣くのだろうと、我々は困ってしまった。

「どうしたんだよ。そんなひどいこと言ってないよ」

私が言うとピンサロ嬢は涙を拭きながら、

「私たち人間扱いされたことなんかないんだ……だから……」

と言う。

話を聞いてわかったのだが、ピンサロ嬢たちは集団でヤクザの相手をさせられることがあるのだという。地方のヤクザが大挙して来ると、そのお相手をするのだ。それはまるで奴隷扱いで、ときには小便まで飲まされる。いいお金にはなるけど、人間としてのプライドはズタズタにされて、人間未満になった気分になってしまうと言うのだ。

それを、あんたたち警官なのに、私たちを人間として扱ってくれた、警官なんてひどいことしかしないと思っていたから、うれしくて、うれしくて……それで涙が出てきたのだという。

そのあとは盛り上がった。会話も弾み、席も入れ替わったりして、はじめの通夜の雰囲気など、どこかへすっ飛んでしまった。

そして、クライマックスが訪れた。

「みんな、一本ずつ抜くからね!」

と、リーダー格のピンサロ嬢が言い出したので、こっちは、目の玉が飛び出るくらいドキッとした。

オレ風呂入ってないよなどと言っているヤツもいたが、ソレではなかった。シャンパンを大盤振る舞いしてくれるというものだった。残念ながら、これだけゴージャスな合コンはこれが最初で最後だった。

女の部屋で鉢合わせた刑事ふたりの〝傑作な言い訳〟

　E刑事は酒好きの中年刑事。六年前、女房と子どもに逃げられ、現在は独り身の寂しい体だ。離婚の原因は酒にあったのだが、別れても酒好きだけは直らない。仕事明けや非番の日は必ず居酒屋でひとり酒をなめている。ただ、さすがに以前のような深酒はしなくなり、ほろ酔いで店を後にする。

　店を出て、駅に向かう繁華街で、偶然ひとりの女を見かけた。三十代後半のちょっぴり色気のある女で、三年前からEは知っていた。

　そのころEは盗犯捜査係にいて、しょっ引いてこられたのが万引きで御用となったその女だった。スーパーの万引きがばれ、はじめてと言い張っていたが、手口は慣れたもので、スーパーの店長も警察へ引き渡したのだった。Eは前歴などいろいろ調べたが、確かになにもない。そこで初犯ということもあり、説諭して放免した。

確かにあの女に間違いない。Eは声をかけた。

「よっ、元気か?」

人のよさそうな顔をしたEは、女に言った。

「あっ、あのときの……」

すぐに思い出せなかったようだが、女はEを思い出した。女も少し酔っているようだ。そのままふたりは立ち話になり、軽く一杯やろうということになった。

〝修羅場〟はこうして始まった

飲むほどに酔うほどに、ふたりは親密になっていった。女っ気のなかったEにとっては、久しぶりにシロウト女との会話である。なんとなく妖しいムードも漂っている。

それにはわけがあった。その女、素面《シラフ》では手クセは悪いが身持ちは堅い。

だが、アルコールがある量入ると、下半身の人格がどこかへすっ飛んでしまうタイプだったのである。やたらにセックスしたくなるという、男にとってはとてもステキな人なのだ。

女っ気のないEは、もういたすしかないと思った。いいだろう、と言うと、こくりとうなずく。うちへおいでよ、などとも言う。Eは久々に武者震いした。

もちろんEも刑事の端くれだから、ひとり住まいかどうかを確認した。部屋に入ったら男がいたではお話にならないからだ。

タクシーを拾って、女のマンションへしけ込んだ。四階の部屋のベッドに女を横にして、Eは早速仕事に取りかかった。久しぶりに頑張ったEは、二度、三度とベッドの上をはね回った。そしてそのままふたりは、大きないびきをかいて寝てしまった。

そこへ現われた女の〝情人〟

Eが目を覚ましたのは、明け方の六時前だったろうか。誰かに揺すられて、眠い目をこすりこすり開けたら、そこに男が立っていた。

「誰だ、てめぇは？」

年格好も体格もほぼEと同じくらいで、上下にジャージを着ている。男は布団をはがしにかかる。

布団をはがされたEは、あわてて下着を探して穿《は》いた。頭が少し重かったが、負けてはいられない。

「てめぇこそ、なに者だ?」

仁王立ちの男の前でEは、ベッドに腰をかけ腕組みしながら言う。

「これが見えねぇのかよ!」

男の右手には鍵が握られている。この部屋の合い鍵のようである。

「うん? こいつのこれか?」

Eは親指を立てた。

「おう、そうよ。人の女に手を出すって、どういうことなんだよ」

「バカヤロー! 無理やりじゃねえよ、合意のもとだ」

「うるせー!」

男はEの胸ぐらをつかみ立ち上がらせた。そのとき、女が起きた。

「ちょっと、なにしてんのよ……」

女はけだるそうに起き上がりながら、

「もう、どうでもいいから、ふたりとも帰ってよ」

と投げやりに言う。

「そうはいかねぇだろ」

男は言う。

「いいから帰ってよ！　仕事あるんでしょ、ふたりとも。早く警察に行きなよ」

女の口から出た言葉に、ふたりの男は「は？」という顔をした。

「警察だって？」

男が言った。そして続ける。

「なんだ、アンタも刑事か？」

「アンタもって、アンタも刑事か？」

ジャージ姿の大男も、刑事だったのである。所属している署がまったく違っていたので、知らなかったのだ。ふたりは急にうち解けた。なんでも、ジャージの男も万引きがらみでこの女を知り、男と女の関係になったらしい。月に数回、早出と称して家を出、署でジャージに着替えて、ランニングしてきますなどと言って自転車でやって来るという。

なんと女の父親が合い鍵を使って登場

そのときである。部屋のブザーが鳴った。誰か訪問者があるようだ。

「あっ、いけない……どうしよう……」

女が急にあわてた。

「今日、田舎からお父さんが来るって……」

なんと、ドアの外にいるのは、女の父親だ。近県の実家から、父親が始発でやって来たのである。男ふたりも顔を見合わせた。

「なんだ、寝てるのか、開けるぞ」

父親の声がする。合い鍵を持っているのだ。

「私、風呂に入るから」

そういって女はバスルームに飛び込んだ。さあ、困った。どうしよう……。四階だし、窓から逃げるわけにはいかない。

「しょうがねぇ」

ジャージの男はいきなり上下ともジャージを脱いでパンツ姿になった。中年の、ちょっと出腹なふたりのパンツ男。

「寝てるのか？」

そう言いながら、女の父親が部屋に入ってきた。父親が見たものは、いいオヤジふたりがパンツ一丁で四つに組み、相撲をとっている姿だったのである。

父親はビックリして、口を開けている。

「ああ、お父さんですか。いま相撲をとってまして……」

父親は相変わらず無言で、驚きの顔はそのままだ。

「いやーその、娘さんから相撲を見たいと言われたもんで、その、ふたりで見せていたんですが、その、なかなか勝負が……」

そう言いながらふたりは目を合わせ、

「じゃ、この辺でお開きということにしますか」

そういってふたりは父親を無視して着替え始めた。服を着る時間さえあれば、まだ捜査中などと言い訳もできただろうが、パンツ一丁ではそれも無理。そこで出てきた苦し紛れの言い訳が「相撲」だった。

後日、女に聞いたところによると、父親がしつこく尋ねるので、「二人は単なる友だちで、どちらが強いか相撲をしてみようということになった。ただそれだけ」と言って突き放したという。父親と娘の勝負、「突っ張り」で娘の勝ちというところか。

警察官たちの密かなストレス解消法

警察官の世界は「体育会系」である。

警察官全員がそうだとは言わないが、上意下達の命令世界にどっぷり浸かり、武道で体を鍛えているうちに、いつしか気持ちは硬派になっていく。

もちろん、警察官も人間だから俗っぽいことも大好きなのだが、気持ちは硬派、体育会系だ。

だから、チャラチャラした野郎は大嫌いだ。とくに、髪を金色や茶色に染め、いいかげんな言葉で女の子を騙《だま》しているホストを見ると、警棒でひっぱたきたくなる。

中にはマトモなヤツもいるかもしれないが、女の子を騙し、そこから金を引き出すというのが大多数の商売の手口。

騙される女も愚かといえば愚かなのだが、言葉巧みに金を引き出すホストのやり口に、ほとんどの警察官は頭にきている。

さらに、**ホストは暴力団の手先になることもある**。

店の性格上、どうしても暴力団とのつながりが生まれやすく、ときには、その店が暴力団の武器倉庫になるのだ。

手入れの情報があると、暴力団はなじみのホストクラブへけん銃やら刀剣類を運び込み、隠す場合がある。

おまけに、ホストにそそのかされ、店に多額の借金をつくった若い女が、暴力団を通じて温泉街の売春婦として売られることもあるのだ。こんな普通の女たちが何人も沈められていくさまを警察官たちは目の当たりにしているだけに、ホストに対する嫌悪感は人一倍だ。

署内に語り伝えられる「うらやましい話」

あるとき、同じ署の警察官が五、六人で酒盛りを始めた。ひと仕事終わったので気分よくアルコールが体を駆けめぐり、明け方までその宴会は続いた。店を出たのは午前七時前、まだ人通りもない。タフな連中で、誰もつぶれることなく、千鳥足もいない。ちょっとくたびれたサラリーマン風である。

通りを歩いていると、向こうからホストが五、六人歩いてきた。すれ違いざま、ひとりの警察官が声を出した。

「コノヤロー、ガン飛ばしたな！」

もともとホストが嫌いだったこの警察官は、酒の勢いもあって難癖をつけたのだ。

それから、なんだよ、コノヤローと、しばしにらみ合いが続いた。ホストたちも、自分たちのバックには暴力団がいるから、こんなほろ酔いのサラリーマンたちなど屁《へ》でもないと思っている。もちろん警察官であることも知らない。

徹夜で酒飲んでしょぼくれた顔をしている警察官たちに、

「安サラリーマンがなにを言う」「てめえら窓際なんだろ、貧乏リーマンでせこい会社にいるんだろう」

など、罵詈雑言《ばりぞうごん》を浴びせた。

「頭で仕事しろや、顔で勝負できないのかよ」

なども言う。

それなら、殴り合いで勝負を決めよう、と警察官が言い出した。

ひとりずつ代表者を出して、鉄拳で勝負というわけだ。結局、三人対三人ということになり、裏通りの工事中の外から見えないところへ場所を移した。

殴り合いが始まったが、勝負はあっという間についた。警察官たちはそれなりの修羅場をくぐっている連中だから、ケンカのツボを知っている。

ホストの中にもキックボクシングをやっているようなヤツもいたが、まったく相手にならない。あっという間にホストたちは地面に転がり、立ち上がることさえできない。警察官たちは、あーすっきりしたという顔をして退散した。

この話は、署内で密かに伝えられ、うらやましがられた。

それ以降、ストレス発散のためと称して、少しの間、警察官による明け方の〝ホスト狩り〟が流行ったのである。

（了）

本書は、日本文芸社より刊行された『元刑事が明かす警察ウラの掟』を、文庫収録にあたり、改題・再編集したものです。

眠《ねむ》れないほど面白《おもしろ》い警察《けいさつ》24時《じ》

著者　北芝健（きたしば・けん）
発行者　押鐘太陽
発行所　株式会社三笠書房
〒102-0072 東京都千代田区飯田橋3-3-1
電話　03-5226-5734（営業部）　03-5226-5731（編集部）
http://www.mikasashobo.co.jp
印刷　誠宏印刷
製本　ナショナル製本

 ISBN978-4-8379-6757-6 C0130

王様文庫

エスパー・小林の「運」がつく人「霊」が憑《つ》く人

エスパー・小林

＊「あなたの運をあげてくれる人」の見分け方　＊なぜ、成功者は〝霊感に近い力〟を持っているのか　＊「成仏していない霊」がうようよしている場所とは　＊「ちょっと変だ……」その違和感はたいてい正しい――「いざ」という時、頼りになる本！

心屋仁之助のなんか知らんけど人生がうまくいく話

心屋仁之助

あなたも、「がんばる教」から「なんか知らんけど教」に宗旨がえしてみませんか？　＊「愛されていない劇場」に出るのはやめよう　＊どんな言葉も「ひとまず受け取る」　＊お金は「出す」と入ってくる……読むほどに、人生が〝パッカーン〟と開けていく本！

眠れないほど面白い死後の世界

並木伸一郎

人は死んだら、どうなるのか？　＊死後49日間に待ち受ける〝試練〟とは？　＊あなたの中にも「前世記憶」が眠っている？　＊チベット仏教の活仏――ダライ・ラマ法王の「転生の秘密」　＊「守護霊」とは何か？　……驚愕の体験談、衝撃のエピソードが満載！

K30334